당신과의 동행

당신과의 동행

글쓴이 하지성 주교
옮긴이 우성훈

표지·내지 디자인 이태영
교회 인가 서울대교구 2024년 7월 12일
펴낸날 2024년 10월 12일
펴낸이 김상욱
만든이 이상호
만든곳 프란치스코출판사(제2-4072호)

주소 서울 중구 정동길 9
전화 (02) 6325-5600
팩스 (02) 6325-5100
이메일 franciscanpress@hanmail.net
홈페이지 https://blog.naver.com/franciscanpress
인쇄 유진보라

ISBN 979-11-93541-07-4 93230
값 10,000원

당신과의 동행

/ 성 프란치스코 /

하지성 요셉 주교(작은형제회) 지음

우성훈 미카엘(작은형제회) 옮김

들어가며

　인생의 긴 여정에서 의지할 수 있는 영적 동반자가 있다면 확실히 즐거운 일입니다. 무엇보다도 그가 식견이 있어 고난을 헤치고 목적지까지 잘 안내해 줄 수 있는 동반자라면 그보다 더 기쁘고 안심할 일은 없겠지요.

　성 프란치스코는 작은형제회(프란치스코회)의 창설자입니다. 비록 800년이라는 긴 시간 차가 있지만 성인은 시대를 넘어 항상 친근하게 바로 곁에서 나와 동행하고 있음을 체험합니다. 이 작은 책을 한국어로 번역하여 건네는 이유는 우리 인생의 영적 여정 중에 성 프란치스코와 같은 훌륭한 분이 우리와 동행해 주시길 희망하기 때문입니다.

　이 소책자가 출판되기까지 도움을 주신 모든 형제

자매, 특히 흔쾌히 번역을 허락하신 하지성夏志誠 요셉 주교님께 깊은 감사 드립니다.

    삼가 이 책이 영적 여정을 닦으시길 원하는 모든 형제자매에게 도움이 되길 바라며 봉헌합니다.

작은형제회(프란치스코회) 우성훈 미카엘 형제

2023년 9월 8일

소개글

　대만의 작은형제회(프란치스코회) 관구 봉사자인 우성훈 미카엘 신부가 작은형제회 소속으로 주교가 된 하지성 주교님의 저작 『당신과의 동행』을 한국어로 출판하고 싶다고 제안했습니다. 이유는 매우 간단했습니다. "신자들에게 도움이 되는 내용으로 여겨서 나누고 싶습니다." 좋은 것을 나누려는 그 마음이 제 마음을 울렸고, 그 울림에 화답하여 소박한 추천의 글을 씁니다.

　저는 이 책이 〈삶의 묵상과 나눔〉이라는 생각이 들었습니다. 예수님의 복음은 〈예수님의 삶〉이고 또한 〈예수님의 삶에 담긴 하느님〉이라고 할 수 있습니다. 그리고 성인들의 삶은 예수님의 삶에서 공명하는 성령의 초대를 듣고 응답한 삶에서 한 분이신 하느님이 다채로운 형태로 펼쳐지는 이야기입니다.
　성 프란치스코는 영감을 받아 성경의 구절을 모아

조금 변형하여 "수난 성무일도"를 편집하여 형제들과 함께 기도하곤 했습니다. 하지성 주교님의 책은 하나의 짜깁기로 그 방식에서 "수난 성무일도"와 비슷합니다. 저자는 프란치스코와 클라라 전기에서 자신과 독자에게 영감을 줄 일화를 선택합니다. 그다음에 이 일화와 연관된 프란치스코와 클라라의 글을 소개합니다. 이어서 저자는 프란치스코와 클라라의 생애와 글에서 영감을 얻어 독자에게 삶에 대한 성찰을 나눕니다. 그리고 이 모든 것에 영감을 준 성경 구절을 보여줍니다. 이 모든 과정이 기도의 여정이기에 기도로 끝을 맺습니다. 하지성 주교님은 이 책을 서둘러 읽어 지식을 얻을 것이 아니라 하나의 묵상으로 천천히 음미하며 읽고 충분히 머무르고 기도하도록 초대합니다. 수도 생활 전통에 성독(聖讀, 렉시오 디비나)이 있습니다. 성경을 읽고 묵상하는 것이 기도와 관상이 되게 하는 전통입니다. 이러한 기도 전통을 염두에 두면서 이 책을 읽고 묵상하면 도움이 될 것입니다.

또한 이 책은 예수 그리스도, 성 프란치스코, 성 클라라 그리고 우리의 삶을 배경으로 일상에서 담길 수 있는 하느님을 지향합니다. 농경사회에서 상업 사회가 시작된 중세 시대에, 평화로워 보이는 움브리아 평야에서 갈등과 싸움이 잦았던 아씨시라는 공간을 배경으로, 프란치스코와 클라라는 예수 그리스도의 삶과 죽음이 그들에게 영감을 준 바를 서로가 감응하며, 하느님의 집, 하느님의 거울이 되어 갔습니다. 클라라와 프란치스코의 삶에 담긴 하느님은 우리에게 영감을 주어, 우리의 삶이 또 하나의 하느님 집이 되고 하느님의 거울이 되도록 초대합니다. 이 책을 읽고 묵상하며 기도하는 이들의 삶이 하느님을 비추는 거울, 보이지 않는 하느님을 담는 거처가 되기를 희망합니다.

하느님의 집이시여, 인사드리나이다. ……
하느님의 어머니시여, 인사드리나이다.

― 프란치스코의 복되신 동정 마리아께 드리는 인사 중에서 ―

2024년 6월 13일 목요일
작은형제회(프란치스코회) 한국 관구
관구 봉사자 김상욱 요셉 신부

차례

5 * 들어가며
7 * 소개글
13 * 소책자 사용법

첫째 날: 생명의 지혜　* 18

둘째 날: 빵만으로 살지 않음　* 24

셋째 날: 관상의 은총　* 29

넷째 날: 하느님의 능력　* 35

다섯째 날: 한 형제　* 40

여섯째 날: 마음을 돌려드림　* 45

일곱째 날: 생명의 말씀　* 50

여덟째 날: 가난의 찬미　* 55

아홉째 날: 은총의 선용　* 60

열째 날: 예수님의 믿음　* 66

열한째 날: 만물과의 대화　* 72

열두째 날: 하느님 갈망　* 77

열셋째 날: 가난한 이들의 아버지　* 82

열넷째 날: 만물과의 관계　* 87

열다섯째 날: 하느님께 돌려드림　*　93

열여섯째 날: 마음을 드높이　*　98

열일곱째 날: 죄의 사면　*　102

열여덟째 날: 복음 선교　*　106

열아홉째 날: 하느님께 대한 신뢰　*　110

스무째 날: 항상 기뻐하라　*　115

스물한째 날: 가난하신 하느님　*　121

스물두째 날: 거룩한 성체와 성혈　*　127

스물셋째 날: 열정적 기도　*　132

스물넷째 날: 생태 환경 주보 성인　*　138

스물다섯째 날: 말씀 사랑　*　143

스물여섯째 날: 성탄 구유　*　148

스물일곱째 날: 오상 받으심　*　155

스물여덟째 날: 고통을 받아들임　*　161

스물아홉째 날: 죽음 자매　*　167

서른째 날: 새로운 불씨 전달　*　172

179　*　성 프란치스코의 영성

소책자 사용법

 이 책을 쓴 목적은 독자가 마음의 문을 활짝 열어, 우리 사부 아씨시 성 프란치스코의 전통적인 영성과 만나 체험하고 체득하기를 바라는 마음에서입니다. 이 책은 그저 읽기만 하는 것이 아니라 30일간 매일 읽고 묵상하며 기도 안에서 성 프란치스코와 함께 가는 영성의 여정입니다. 아래 제시한 과정은 일종의 지도 방법이니 참고하시되, 독자가 사용하기에 불편하면 자신의 방법대로 하셔도 좋습니다.

1. 일정한 시간과 고요한 장소를 선택하기

 우리는 천사와 같은 영적 존재가 아니기에 환경의 영향을 너무도 쉽게 받곤 합니다. 따라서 적합한 환경과 좋은 습관이 필요합니다. 역사 안에서 영성 전통이 가르쳐 주듯이 일정한 시간과 고요한 장소는 영적 여정을 위해 지극히 중요합니다. 구체적인 일정 안배는 사람마다 다르지만 기본적인 자기 요구도 필요합니다.

2. 천천히 읽기

　매일 보는 내용은 그리 길지 않으며 간결하게 선택한 글을 온종일 묵상할 수 있게 영성 주제를 제공합니다. 내용을 작은 단락으로 나눈 것은 독자가 그 내용을 천천히 읽고 음미하게 하기 위함입니다. 한 글자나 한 마디를 경시하지 마세요. 왜냐하면 하느님께서 이것들을 통해 독자에게 말씀하시기 때문입니다.

3. 성경 말씀을 묵상하고 암기하기

　매일 영적 주제와 걸맞은 성경 말씀을 제공하니 성모님처럼 "마음속에 간직하고 곰곰이 되새겼다."(루카 2,19)는 말씀을 기억하고 마음에 꼭 간직하십시오. 그러면 바쁜 하루 속에서도 성경 말씀에서 오는 빛과 힘을 발견할 것입니다. 가능한 성경 말씀을 종이에 써서 책상 위에 올려놓고 한두 번씩 바라보면 주님의 현존 체험과 함께 주님을 사랑하는 마음을 일깨워 줄 것입니다.

4. 한마음 한 뜻으로 기도하기

    정독과 묵상 그리고 반성은 기도로 나아가며, 기도는 곧 종착역입니다. 기도 안에서 우리는 하느님을 만납니다. 중요한 것은 우리가 얼마나 읽었느냐가 아니고, 반성하면서 얼마나 얻었는가 혹은 묵상 중 얼마나 많이 체험했는가도 아닙니다. 바로 기도하면서 얼마나 사랑했는가입니다. 이 책의 내용 중에 '매일의 기도'를 쓴 이유는 돌을 던져 옥玉을 끌어들이는 것 같이, 독자의 공감으로 이어져 함께 기도하기 위해서입니다.

5. 영적 일기 쓰기

　독자께서 30일 동안 영적 여정을 더욱 심화하길 원한다면, 영적 일기 쓰기도 좋은 방법입니다. 매일매일 많이 쓸 필요는 없고 기도와 묵상 중에 얻은 내적 체험을 간결하게 적으면 됩니다. 이 영적 체험은 훗날 자신의 영적 여정을 돌아볼 수 있게 도와주며, 혹은 영성 상담에 중요한 자원이 될 것입니다.

6. 동반자와 함께 걷기

　"사람이 혼자 있는 것이 좋지 않으니…."(창세 2,18) 가능한 다른 형제자매와 함께 작은 모임을 만들어 30일의 영적 여정을 시작하세요. 정기적으로 모이고 서로 나누며 듣고 격려하면, 독자의 경험은 다채롭고 풍성해질 것입니다.

[당신과 동행]

1
생명의 지혜

토마스 첼라노의 글[1]

지존하신 분의 복된 종이 이처럼 성령에 의해 다듬어지고 튼튼하게 되어 때가 이르자 이제 자기 영혼의 복된 충동을 따랐으며, 이로 인해 천상 사물에 다다르고 세속 사물을 발로 짓밟게 되었다. 그는 더는 지체할 수 없었다. ……

프란치스코는 일어나 십자성호로 자신을 굳건하게 하고 말을 채비시켜 타고는, 좋은 옷감을 내다 팔려고 폴리뇨라고 하는 도시로 발길을 재촉했다. 그곳에서 그

---

1 역주: 토마스 첼라노의 글은 토마스 첼라노, 『아씨시 성 프란치스코』, 이재성 옮김, 프란치스코출판사, 서울 2023에서 인용했다.

는 여느 때처럼 가지고 간 것들을 다 팔아버렸고, 능란한 장사꾼처럼 타고 갔던 말까지 내놓아서 그 돈을 받았다.

    이제 짐을 다 떨어버리자 이 돈으로 무엇을 할지 신앙인의 자세로 이 궁리 저 궁리하면서 발길을 돌렸다. 그러자 얼마 안 가서 놀랍게도 하느님의 일에 마음을 온전히 기울이게 되어, 단 한 시간이라도 돈을 지니는 것이 큰 부담이 됨을 깨닫고, 그 이익금을 마치 모래나 다름없이 여겨 서둘러 처리해 버리기로 했다. 이렇게 하여 아씨시 가까이 이르렀을 때, 옛적에는 성 다미아노를 기념하여 세워졌지만, 이제는 너무 오래되어 금시라도 허물어져 버릴 것 같은 성당을 길옆에서 발견하였다.

    그리스도의 새 군사가 성당에 올라가니, 너무도 초라한 성당의 모습에 딱한 생각이 들어, 떨리고 두려운 마음으로 안으로 들어갔다. 거기에서 한 가난한 사제를 보자 큰 믿음으로 그의 성스러운 손에 입을 맞추고 가지고 있던 돈을 주며 자기가 하고자 하는 일에 대해 차

근차근 설명했다. 그 사제는 놀라움을 금치 못하면서 믿기 어려울 정도의 갑작스러운 회개를 의아스럽게 여기며 믿으려 하지 않았다. …… 그러나 프란치스코는 끈질기게 고집하며 자기의 말에 대한 신뢰를 얻으려고, 주님을 위해 자신이 그곳에 머물도록 허락해 줄 것을 사제에게 간곡히, 또 거의 빌다시피 청했다. 마침내 그 사제는 젊은 사람이 그곳에 머무는 것을 묵인했지만, 이 젊은이의 부모가 두려워 돈은 받지 않았다. 그러자 돈을 진실로 경멸하는 프란치스코는 돈을 창턱에 냅다 집어 던졌다. 돈을 티끌만도 못하게 여겼기 때문이다. 그는 금보다 더 나은 지혜를 소유하고 싶어 했고, 은보다 더 보배로운 분별력을 얻고 싶어 했다(1첼라노 8-9).

성 프란치스코의 글[2]

어느 형제라도 어디에 있든지 어디에 가든지 간에 앓는 형제들 때문에 꼭 필요한 경우가 아니라면 어떤 이유로든 옷이나 책을 위해서든 어떤 일의 보수로든 어떤 방법으로도 금품이나 돈을 갖거나 받거나 받게 하지 말 것입니다. 실상, 우리는 금품이나 돈을 돌덩이보다 더 쓸모 있다고 여기거나 생각해서는 안 되기 때문입니다. 그리고 마귀는 금품이나 돈을 탐하거나 돌보다도 더 귀하게 여기는 사람들을 눈멀게 하려 합니다. 그러므로 모든 것을 버린 우리는 그처럼 보잘것없는 것 때문에 하늘 나라를 잃지 않도록 조심합시다(비인준 규칙 8,3-5).

---

[2] 역주: 성 프란치스코의 글은 『아씨시 프란치스코와 클라라의 글』(프란치스칸 사상 연구소 프란치스칸 원전 01), 프란치스코출판사, 서울 2014에서 인용했다. 성 프란치스코의 글 약어도 이 책에 따른다.

성경 소구

지혜를 얻는 것은 금보다 좋고 예지를 얻는 것은 은보다 낫다(잠언 16,16).

마음의 글

돈으로 집은 살 수 있어도 가정은 살 수 없고, 약은 살 수 있어도 건강은 살 수 없으며, 책은 살 수 있어도 지혜는 살 수 없지요. 회개하기 전 프란치스코는 상인의 아들이었기에 당연히 금전의 영향력을 알았지만, 회개 후 그는 더욱 분명히 금전의 유한함을 체험했을 뿐만 아니라 지난날 헛되이 물질적 욕망과 명예를 추구했음을 깨달았습니다.

세상에 살고 있는 우리에게 의식주는 필요합니다. 그러나 이런 것들이 인생의 모든 것이라고 말할 수 있을까요? 누군가 말하기를, '돈錢은 가장 좋은 종이지만, 가장 나쁜 주인이다.'라고 합니다. 만약 우리가 돈의 노예가 되지 않고 절제하여 돈을 사용한다면 풍부한 생명을 살 수 있게 도움을 받을 뿐 아니라 지혜로운 생명을 사는 것이 아닐까요?

기도

하느님, 하느님께서 주신 생명은 무엇을 위해 존재하나요? 저는 무엇을 진정으로 갈망하나요?

주님, 저는 프란치스코를 닮고 싶습니다. 그는 돈에 속박받지 않았고 오직 당신을 바라보며 만물의 근원이신 하느님만을 마음에 모시길 갈망했습니다. 오로지 하느님을 얻는 것이 영원한 기쁨이고 진정한 지혜입니다! 아멘.

2
빵만으로 살지 않음

토마스 첼라노의 글

그가 모든 이의 하느님을 섬기기 시작한 다음부터 그는 모든 일 중에서 온갖 악의 불결함으로 오염된 유표有表한 일을 피하고 늘 평범한 일을 하기를 좋아하였다.

극단적으로 미묘한 사람이었던 그가 그리스도께서 명하신 성당에서 비지땀을 흘리며 일하는 동안 검소하고 참을성 있는 노동자로 바뀌자, 그 성당을 맡고 있던 사제가 계속되는 피로로 인해 만신창이가 된 프란치스코를 보고 측은한 생각이 들어 비록 가난해서 맛있게 만들 수는 없었지만 약간의 특식을 매일 대주기 시작했다. 프란치스코는 사제의 관심에 감사하면서 호의를 받아들였지만 속으로 말했다. '이러한 음식을 항상 너에게 대주는 사제를 너는 어디서도 만나지 못할 것이다. 그러나 이것은 가난을 서원한 사람의 생활이 아니다. 너는 이런 음식에 길들지 말아야 좋을 것이다. 그렇지 않으면 네가 혐오했던 것으로 차츰차츰 되돌아가게 될 것이다. 그리고 사치스러운 생활로 다시 마음이 쏠릴 것이다. 바로 당장 일어나거라. 그래서 집집을 돌며 뒤범벅이 된 음식을 구걸하여라!' 이리하여 그는 음식을 얻으려고 아씨시를 누비며 집집이 돌면서 구걸하였다. 그는 처음에 각종 음식 찌꺼기로 수북한 동냥 그릇을 보자 그만 질려버렸다. 그러나 하느님을 생각하면서 자신을 극복하고는 기쁜 마음으로 그 음식을 먹었다.

사랑은 모든 것을 부드럽게 만들고 쓰디쓴 것을 모두 단 것으로 변화시킨다(2첼라노 14).

성 프란치스코의 글

모든 형제들은 우리 주 예수 그리스도의 겸손과 가난을 따르도록 힘쓸 것이며, "먹을 것과 입을 것이 있으면, 우리는 그것으로 만족합시다"라고 사도가 말한 대로 온 세상의 다른 어느 것도 가져서는 안 된다는 것을 기억할 것입니다(비인준 규칙 9,1).

성경 소구

예수님께서 그에게 대답하셨다. "'사람은 빵만으로 살지 않는다.'라고 성경에 기록되어 있다."(루카 4,4)

마음의 글

모든 인간의 삶에 음식은 꼭 필요하지요. 육체적 생명도 그렇고 영적 생명도 마찬가지입니다. 회개 중의 프란치스코는 자신이 얼마나 오로지 육체적 생명을 위해 전전긍긍했으며 영적 생명을 위해서는 얼마나 소홀했는지 깨달았습니다. 그래서 그는 회개 생활을 시작할 때, 복음적 가난의 삶을 살고자 결심했고 그는 부족한 물질생활 중에도 풍부한 영적 생명을 체험했습니다.

한국 사회도 지금은 경제 성장으로 인해 이삼십 년 전보다는 풍부한 생활을 누리고 있지만 이상하게도 옛날보다 사람들의 걱정과 불안, 불만은 더 많이 증가하고 웃음은 점점 적어지고 있습니다. 부富의 증가가 기쁨의 절대적 증가가 아님을 알게 된 지금, 우리에게 진정으로 필요한 것은 무엇일까요?

기도

하느님! 제 마음의 자양분을 위해 영적 음식을 저에게 주소서. 굴곡의 길은 평탄한 길이 되고, 고통은 감미로움이 되도록 당신의 사랑으로 제 마음이 변화되게 해 주시어, 사랑과 함께라면 고통은 사라지고 고통이 찾아오더라도 그것이 감미로운 은혜임을 체험하게 하소서. 아멘.

3
관상의 은총

토마스 첼라노의 글

지존하신 하느님의 종이 앞서 말한 곳에서 머무는 동안, 그의 아버지는 흡사 집요한 정탐꾼처럼 사방을 돌아다니면서 자기 아들한테 일어난 일을 수소문하였다. 그러고는 자기 아들이 그곳에서 그렇게 지내고 있다는 뜻밖의 사실을 알자, 마음이 극도로 상하여 분노하면서 친구들과 이웃들을 불러 모으고는 하느님의 종이 머문 곳으로 황급히 달려갔다. 그러나 그리스도의 새 선수가 된 그는 자기를 쫓는 사람들의 협박 소리로 그들이 다가오고 있다는 것을 알게 되자, 분노를 피하려고 바로 그러한 위기에 대비하여 준비해 둔 비밀토굴로 내려가 몸을 숨겼다.

토굴은 어느 집 안에 있었고, 아마도 한 사람만이 그것을 알고 있었던 것 같다. 그 안에서 한 달간 꼬박 숨어 있어야 했으므로, 꼭 필요한 일이 아니면 밖으로 나오려 하지 않았다. 음식이 들어와도 토굴 안에서 먹었으며, 모든 도움이 비밀리에 이루어졌다. 그는 주님께 자신의 영혼을 박해하는 이들의 손아귀로부터 건져 주시며, 당신의 인자한 사랑 안에서 자신의 경건한 소망을 채워 주십사고 언제나 눈물을 흘리면서 기도했다. 그리고 단식과 눈물로 구세주의 자비를 애절히 청했으며, 자신의 노력을 믿지 않고 모든 생각을 주님께 내맡겼다.

그리고 비록 토굴의 어둠 속에 있었지만, 그때까지 한 번도 체험하지 못한 신묘한 기쁨으로 충만하였다. 마침내 그는 불붙은 채 토굴에서 나와 박해자들의 저주 앞에 자신을 활짝 드러냈다.

그는 능동적이고도 열렬하고 활기 있게 즉각 일어나, 주님을 위해 싸우고자 믿음의 방패를 두르고 신념으로 무장한 채 아씨시 읍을 향해 발걸음을 내디뎠다. …… 그를 아는 사람들이 이 모습을 보고는 과거의 그와 비교해서 사정없이 욕설을 퍼붓기 시작했다. 미쳐서 정신착란을 일으켰다고 소리 지르며 그에게 진흙을 던지거나 돌팔매질을 해댔다. 그가 이전의 생활 습관과는 달리 변화되었으며 육신의 고행으로 인해 매우 쇠약해진 모습과 그의 행동거지 하나하나를 쇠진함과 정신이상으로 돌려 버렸다.

그러나 인내하는 이는 오만한 자보다 낫기에 하느님의 종은 이 모든 것에 귀를 닫았고, 어떤 욕설에 의해서도 마음이 부서지거나 동요하는 일 없이 그 모든 일을 하느님께 감사드렸다.

나쁜 사람이 덕을 힘써 추구하는 사람을 박해해도 이는 무익한 일이다. 으르면 으를수록 그는 한층 더 힘차게 승리할 것이기에 말이다. 누군가가 말했듯이, 모욕은 고결한 정신을 굳건하게 만든다(1첼라노 10-11).

성 프란치스코의 글

당신은 선善이시고 모든 선이시며 으뜸선이시고 살아 계시며 참되신 주 하느님이시나이다. 당신은 애정이시며 사랑이시나이다. 당신은 지혜이시나이다. 당신은 겸손이시나이다. 당신은 인내이시나이다(하느님 찬미 5-7).

성경 소구

주님, 당신은 저를 에워싼 방패, 저의 영광, 저의 머리를 들어 올려 주시는 분이십니다(시편 3,4).

마음의 글

프란치스코는 하느님의 부르심에 답하기 위해 아주 힘든 과정을 체험했답니다. 그는 두렵고 떨리는 마음으로 적막하고 어두운 산속 동굴에서 기도할 때, 어떠한 소리도 듣지 못하였고 빛조차 그를 외면한듯했습니다. 고요함 중에 그는 하느님의 말씀을 듣게 되었고 그의 마음은 어느덧 어둠에서 빛으로 향하였으며, 그는 자기의 약함과 무능함을 인정하며 전능하신 하느님께 온전히 투신하였습니다. 우리가 영적인 성장을 원한다면 '홀로 있음'은 꼭 필요합니다. 그곳에는 볼 책도 없고, 대화할 상대도 없으며, 바쁘게 일할 것도 없고, 오롯이 하느님과 내가 마주하게 됩니다. 그러면 그곳은 어느덧 은총의 장소가 되고 자신의 내적 변화가 일어나며 감추어져 있던 성장의 신비가 드러나게 됩니다.

기도

하느님, 당신의 빛으로 저를 비추어 주시어, 저를 세속의 어둠에서 구원해 주시며, 제가 자신을 의지하지 않고 오직 당신만을 믿고 의지하여 당신만이 제 생명의 든든한 기둥이 되게 하소서. 아멘.

4
하느님의 능력

토마스 첼라노의 글

이제 프란치스코에 관하여 이렇게 수군거리는 소문은 아씨시 읍의 거리와 골목 구석구석까지 그칠 줄 모르고 퍼져나가서 마침내 그의 아버지 귀에도 들어가게 되었다. 프란치스코의 부친은 자기 아들의 이름을 듣고 또 시민들 사이에 일어난 소요가 자기 아들을 향한 것임을 알고, 아들을 구하기 위해서가 아니라 파멸시키기 위해서 자리에서 벌떡 일어섰다. 그러고는 자제自制 따위는 아랑곳없이 양에게 달려드는 늑대처럼 달려가, 난폭하게 곧 죽일 듯한 표정으로 아들을 노려보다가 덥석 붙잡고는 자기 집까지 몹시 창피한 꼴로 질질 끌고 왔다. 그러고는 무자비하게 여러 날 동안 캄캄한 곳에 가

두어놓고는 그의 마음을 꺾으려고 처음에는 말로, 다음에는 매질로 다스리다가 마지막에는 쇠고랑을 채워 버렸다. 그러나 프란치스코는 오히려 거룩한 목적을 달성하기 위해 한층 자극받아 더욱 강해졌을 뿐 말로 모욕을 당했다고 해서, 혹은 감금 생활로 지쳤다고 해서 인내를 포기할 턱이 없었다.

환난 가운데서 즐거워하라는 가르침을 받은 사람은 채찍과 감금에 의해서도 자기 정신의 올바른 지향과 위치에서 벗어날 수 없고 그리스도의 양 떼에서 떨어져 나갈 수도 없다. 또한 큰물이 닥칠지라도 억압으로부터 해방해 주시는 하느님의 아들이 피난처가 되는 사람은 흔들리지 않는다. 그분은 우리의 고통이 거칠고, 험난하다고 할까 봐 당신이 겪으신 고통이 더 크다는 것을 늘 보여주셨다(1첼라노 12).

성 프란치스코의 글

우리에게 부당하게 번민과 괴로움, 부끄러움과 모욕, 고통과 학대, 순교와 죽임을 당하게 하는 모든 이들이 바로 우리의 벗들입니다. 그들이 우리에게 끼치는 그것들로 말미암아 우리는 영원한 생명을 누릴 것이기에 우리는 그들을 극진히 사랑해야 합니다(비인준 규칙 22,3-4).

성경 소구

당신은 저의 피신처. 곤경에서 저를 보호하시고 구원의 환호로 저를 에워싸십니다(시편 32,7).

마음의 글

프란치스코는 회개 중에 친구들로부터 비방과 조소 그리고 오해를 받았고, 아버지로부터는 박해와 감금뿐만 아니라 매 맞는 고통 또한 당했습니다. 그의 마음은 얼마나 괴로웠을까요? 역경에 처하면 쉽게 포기하는 것이 일반적인 사람들의 행동인데 역경을 딛고 앞으로 나아가려면 넘치는 용기와 신심이 필요합니다.

지속해서 인내하고 전진하려면 그것을 위해 희생의 대가를 치를 마음의 결심이 있어야 합니다. 하느님께서 우리를 믿고 우리를 위해 희생하시지 않았다면, 우리가 어떻게 하느님을 믿고 또 그분 사랑을 위해 희생할 수 있는지요? 수도원에 입회한 지 벌써 30년이 되었습니다. 하느님께서 함께하시기에 지금까지 성소를 지키며 기쁜 마음으로 감사히 산다고 생각합니다. 생명은 무상하고 그 누구도 미래를 확신할 수 없으며 만약 하느님을 신뢰하고 의시하지 않으면 단 하루의 삶도 보장받을 수 없지 않을까요?

기도

하느님 아버지! 삶에서 어떠한 어려움이 닥치더라도 항상 온몸으로 하느님께 의지하게 하시며, 어떠한 고난 중에도 당신만이 저의 피난처가 되게 하소서. 바라오니, 저 또한 프란치스코를 닮아 당신의 사랑 안에서 어떤 두려움과 고통도 극복할 수 있도록 도와주소서! 아멘.

5
한 형제

토마스 첼라노의 글

그 후 완전한 겸손을 사랑하는 거룩한 그는 나병 환자들에게 가서 하느님을 위해 성의를 다하여 시중들면서 함께 살았다. 썩어들어가는 상처를 씻어주고 고름도 깨끗이 닦아 주었으니, 자신의 유언에서 말한 대로였다. "죄 중에 있었기에 나에게는 나병 환자들을 보는 것이 너무나 역겨운 일이었습니다. 그런데 주님 친히 나를 그들에게 데리고 가셨고, 나는 그들에게 자비를 베풀었습니다." 자신이 허영에 차 있던 시절에는 나병 환자의 집을 바라보는 것조차도 싫어서 3킬로미터나 떨어져 있는데도 늘 손으로 코를 막곤 했다고 말했다. 그러나 이제 그는 지극히 높으신 분의 은총과 권능으로 거룩하고 유익한 것에 대해 생각하기 시작했으며, 아직도 그가 세속의 옷을 입고 있던 어느 날 나병 환자를 만나게 되자 마음을 더욱 굳게 먹고 다가가 그에게 입을 맞추었다. 그때부터 그는 자기 자신을 더욱더 천하게 여기기 시작했고, 마침내는 구세주의 자비로 자기 자신에게서 완전한 승리를 거두게 되었다.

세속에 머물러 아직 세속을 따라갈 때도 그는 가난한 사람들을 도와주기는 했었고, 아무것도 가지지 못한 이들에게 자비의 손을 뻗쳤으며 고통받는 이들에게는 동정심이 솟았었다. 어느 날이었다. 그는 매우 예절 바른 사람이었지만, 애긍을 청하는 가난한 사람을 평소와는 달리 꾸짖어 돌려보냈다. 그러고 나서 그는 마음이 아파 즉시 용서를 청했다. 그러고는 위대하신 임금님의 이름으로 청하는 구걸을 물리친 것은 자신에게 큰 비난거리요, 수치라고 혼자 중얼거리기 시작했다. 앞으로는 누가 청하면 가능한 한 하느님을 위해서 아무도 거절하지 않겠노라고 마음으로 다짐했다. 그는 이 일을 지극히 성실하게 행하고 완수하여 마침내 모든 면에서 송두리째 자기 자신을 내어주게 되었다. 이렇게 하여 그는 복음을 권고하는 교사가 되기 이전에 먼저 자신이 그 실천가가 되었다. "달라는 자에게 주고 꾸려는 자를 물리치지 마라."(1첼라노 17)

성 프란치스코의 글

주님께서 나 프란치스코 형제에게 이렇게 회개를 시작하도록 해 주셨습니다. 죄 중에 있었기에 나에게는 나병 환자들을 보는 것이 쓰디쓴 일이었습니다. 그런데 주님 친히 나를 그들 가운데로 이끄셨고 나는 그들과 함께 지내면서 자비를 실행하였습니다. 그리고 내가 그들에게서 떠나올 무렵에는 나에게 쓴맛이었던 바로 그것이 도리어 몸과 마음의 단맛으로 변했습니다. 그리고 그 후 얼마 있다가 나는 세속을 떠났습니다(유언 1-3).

성경 소구

달라는 자에게 주고 꾸려는 자를 물리치지 마라(마태 5,42).

마음의 글

수도원의 교육기인 유기서원기를 보내던 중 주말마다 나병환자촌에 가서 환우들과 함께 미사에 참석하고 미사가 끝난 후 그분들을 방문해 식사를 도와드렸던 기억이 있습니다. 그분들은 비록 나병으로 인해 손과 눈, 코, 입 등이 상처로 고통받았지만 그들의 마음은 따뜻했답니다. 감사하다며 손을 잡아주고, 때로는 먹을 것도 나누어주기도 했지요. 그런데 그때 저의 마음 한구석에는 두려움과 거절하려는 마음이 있었습니다. 사랑이 매우 부족했음을 느꼈답니다. 그분들은 누구입니까? 내 손을 꼭 잡고 약속하던 나병 환자분은 누구이지요? 프란치스코는 그분들에게서 바로 자기와 같은 사람, 즉 하느님 모상인 형제를 발견했지요. 그분은 내게 악수를 청했을 뿐인데 나는 왜 그를 두려워했는지, 과연 누가 진정으로 마음에 장애가 있는 것일까요?

기도

주님! 오늘 하루 삶에서 만나는 사람들, 특히 내가 싫어했고 부담을 느끼는 사람 안에서 당신을 발견하게 하소서! 바라오니, 프란치스코 삶의 모범을 닮아 제 마음의 냉담을 당신의 자애로 변화시켜 주시고 그들의 얼굴에서 당신의 모습을 보게 하시며, 그들을 마음으로 받아들여 진정한 나의 형제자매가 되게 하소서! 아멘.

# 6
마음을 돌려드림

토마스 첼라노의 글

　프란치스코는 주교 앞에 끌려 나오자 잠시도 지체하거나 주저하지 않았다. 그는 말하거나 기다리지도 않고 즉시 자기 옷을 벗어들고 그 아버지에게 되돌려주었다. 게다가 자기 속옷마저 남기지 않고 모든 이 앞에서 완전히 벌거벗어 버렸다. 그러자 그의 의도를 감지한 주교가 그의 정열과 확고함에 크게 감탄하면서 즉시 자리에서 일어나 그를 끌어당겨 입고 있던 외투로 덮어 주었다. 주교는 이 징표가 하느님에게서 온 것임을 명백히 깨달으면서 동시에 현장에서 목격한 하느님의 사람이 취한 행동이 하나의 신비를 담고 있다는 것도 깨달았다. 이제 주교는 그의 협조자로서 그를 보살피고 격려하며 자애심으로 그를 끌어안았다.

보라! 이제 그는 벌거벗은 채 벌거벗은 원수와 맞붙어 겨루며, 이승의 것을 모두 떨쳐버리고 오직 주님의 일에 대해서만 생각하는 것이다. 이제 그는 자기의 목숨을 가벼이 여기며 온갖 근심 걱정을 떨쳐내고 자신의 고달픈 길에서 가난한 몸으로 평화를 찾으려 하는데, 오직 육신의 벽만이 하느님을 직접 바라보는 일에서 그를 떼어 놓으려 하는 것이었다(1첼라노 15).

성 프란치스코의 글

오, 지극히 거룩하신 우리 아버지:
우리의 창조자, 구속자, 위로자, 구원자시여.

하늘에 계신 우리 아버지:
천사들과 성인들 안에 계신 우리 아버지,
주님, 당신은 빛이시기에
당신을 알아보도록 그들을 비추시나이다.
주님, 당신은 사랑이시기에
사랑하도록 그들을 불태우시나이다.
주님, 당신은 으뜸선이시고 영원한 선이시며
모든 선이 당신에게서 나오고 당신 없이는 어떤 선도 없기에
그들 안에 머무시며
그들을 복됨으로 채우시나이다(주님 기도 1-2).

성경 소구

우리는 모두 너울을 벗은 얼굴로 주님의 영광을 거울로 보듯 어렴풋이 바라보면서, 더욱더 영광스럽게 그분과 같은 모습으로 바뀌어 갑니다. 이는 영이신 주님께서 이루시는 일입니다(2코린 3,18).

마음의 글

어떤 사람은 매일 가면假面을 쓰고 생활하는 듯합니다. 상사를 대할 때 아첨하고, 부하를 대할 때 권력을 남용하며, 부탁할 때와 부탁받을 때의 행동이 다르기도 하고 때와 장소에 따라 다른 모습을 보이기도 합니다. 누구도 다른 환경과 장소에서 사람을 만날 때 얼굴이 전혀 변하지 않는 사람은 없을 것입니다. 그러나 한 가지 무서운 것은 바로 가면을 너무 많이 써서 자기가 누구인지 모를 때이며 혹은 너무 오래 가면을 착용하여 자신을 바로 그 가면과 동일시할 때입니다. 아씨시의 주교 앞에 서 있는 프란치스코는 자신이 누구인지를 철저히 깨달았지요. 자신은 부유한 상인의 아들도 아니고, 청년들의 왕자도 아니며, 다만 하느님의 자녀임을…. 그는 가면을 벗어버리기를 두려워하지 않았답니다.

기도

하느님, 저는 프란치스코 형제의 단순하며 진솔한 행동에 감동합니다. 그는 대담했으며, 철저히 자신이 누구이고 하느님이 누구인지를 알게 되었습니다. 저의 영혼 깊은 곳에서도 프란치스코 형제의 마음을 닮기를 원합니다. 하느님! 저에게 용기를 주시어, 제가 저 자신으로 살아가고 하느님 자녀의 기쁨을 누릴 수 있도록 도와주소서! 아멘.

7
생명의 말씀

토마스 첼라노의 글

 그러나 어느 날 바로 그곳 성당에서 주님께서 제자들을 어떻게 파견하셨는지에 관한 복음이 봉독 되었을 때, 거기에서 일을 거들던 하느님의 거룩한 이는 복음 말씀을 완전히 이해하지 못하였다. 미사가 끝나자, 사제에게 가서 그 복음에 대한 설명을 겸손하게 청하였다.

 사제가 모든 것을 순서대로 이야기하기를, 그리스도의 제자들은 금도 은도 돈도 소유해서는 안 되고, 길을 떠날 때 식량 자루도 돈지갑도 빵도 지팡이도 가져가서는 안 되며, 신발도 여벌 옷도 가져가서는 안 되고, 하느님의 나라와 회개를 선포해야 한다고 하자, 이 말씀을 듣던 거룩한 프란치스코는 즉시 하느님의 영 안에서 기뻐 외쳤다. "이것이 바로 내가 찾던 것이다. 이것이 바로 내가 원하던 것이다. 이것이 바로 내 온 정성을 기울여서 하고 싶어 하던 바다." 거룩한 사부님은 환희에 넘쳐 자신이 방금 들은 영혼에 유익한 말을 완수하기 위해 서둘러 냈다. 사기가 들은 바를 심혈을 기울여 이룩하는 데 지체하는 것을 참지 못했다. 그는 즉시 발에서 신발을 벗어 버리고, 손에 든 지팡이를 치워 버리고는 한 벌의 옷에 만족하고 허리띠는 가느다란 새끼줄로 바꾸어 맸다. 이제 십자가와 흡사하게 생긴 옷을 손수 마련하였으니, 악마의 모든 환영幻影을 물리치기 위함이었다. 그는 매우 거친 옷을 마련하여 그로써 육신을 모든 악과 죄와 함께 십자가에 못 박으려 했다. 매우 초라한 넝마 옷을 마련한 것은 세상에서 아무도 그 옷을 탐내지 않게 하기 위한 것이었다.

또한 그가 복음에서 듣게 되었던 다른 일들도 최대한의 열심과 존경으로 실행하려 애썼다. 그는 결코 복음을 듣기만 하는 사람이 아니었고, 자신이 들은 바를 경탄할 만큼 잘 기억해 두었다가 문자 그대로 부지런히 이행하고자 온 신경을 집중하였다(1첼라노 22).

성 프란치스코의 글

사도가 말합니다. "문자는 사람을 죽이고 영은 사람을 살립니다." 사람들 중에서 더 많은 지식을 가진 자로 인정받기 위해서 또 친척이나 친구들에게 줄 많은 재물을 얻기 위해서 다만 말마디만을 배우기를 열망하는 이들은 문자로 말미암아 죽임을 당한 사람들입니다. 그리고 거룩한 문자의 영靈을 따르기를 원치 않고 말마디만을 배우기를 열망하며 다른 사람들에게 설명해 주기를 열망하는 수도자들은 문자로 말미암아 죽임을 당한 사람들입니다(권고 7,1-3).

성경 소구

하느님께서 우리에게 새 계약의 일꾼이 되는 자격을 주셨습니다. 이 계약은 문자가 아니라 성령으로 된 것입니다. 문자는 사람을 죽이고 성령은 사람을 살립니다(2코린 3,6).

마음의 글

프란치스코는 주님을 꿋꿋이 따랐습니다. 주님을 따름이 바로 내가 갈망한 삶이었기에 나의 마음이 이끌립니다. 작은 형제로 살아가는 저이지만, 복음 말씀대로 산다는 것은 결코 쉬운 일이 아니며, 때로는 복음 말씀과 자신의 사욕 간에 의심이 충돌한 적도 있고 신앙과 생활 간에 거리도 있음을 알게 됩니다. 그러면 거리距離라는 것은 무엇일까요? 프란치스코가 말씀을 행동으로 실천하고 철저히 하느님 뜻을 찾을 수 있었던 비밀은 어디에 있을까요? 그 비밀은 오직 그가 하느님께 신뢰를 두었기 때문이 아닐까요?

기도

나의 하느님, 때로는 당신의 말씀을 알아듣지 못하고, 보지도 못함이 너무도 쉽게 느껴집니다. 바라오니, 당신의 말씀이 저에게 하시는 말씀임을 깊이 깨닫게 하시며, 제가 당신의 말씀을 경청하여 받아들이고 말씀대로 행동하게 도와주소서.

주님, 제가 당신의 말씀을 듣고 실천하지 않는 거짓된 사람이 아니라, 당신의 말씀을 삶으로 실천하는 작은 자가 되게 하소서! 아멘.

8
가난의 찬미

토마스 첼라노의 글

눈물의 골짜기에 있는 동안 복되신 사부님은 인간의 아들들의 흔한 부富를 하찮게 여겼고, 더 높은 사물들을 열망한 나머지 마음을 다하여 가난을 갈구하였다. 그는 가난이 하느님의 아들과 특별히 가까움을 깨닫고 나서 비록 온 세상이 가난을 걷어찼지만, 그는 영원한 사랑으로 가난과 정혼하려 하였다. 그러므로 그는 그녀의 아름다움에 매혹되어 연인이 된 다음부터는 자기 부인과 더 힘차게 붙어 있기 위해서, 둘이 한 몸이 되기 위해서 그의 아버지와 어머니를 떠났을 뿐 아니라 모든 일을 내팽개쳤다. 그는 그녀를 끌어당겨 순결하게 포옹하였고, 그녀의 남편이 되지 못하면 한시도 이를 참지 못했다. 그가 늘 자기 아들들에게 말했듯이 가난이 완덕에 이르는 길이었고, 가난이 영원한 부의 약속이며 보증이었다. 아무도 그가 가난에 탐욕스러웠던 만큼 금붙이에 탐욕을 부린 사람이 없었다. 아무도 그가 복음의 진주를 간직하는 데 안달한 만큼 자기의 보물을 간직하는 데 안달한 사람이 없었다. 그는 집에서나 밖에서나 형제들에게서 가난에 역행하는 일을 발견하게 되면 늘 마음이 상하였다. 진정 그는 수도 생활을 시작할 때부터 죽을 때까지 한 벌의 속바지와 한 가닥의 허리끈과 속옷만을 가진 부자였고 다른 것은 도무지 없었다. 그의 초라한 수도복은 그가 어디에 자기 재산을 두었는지를 드러내 준다. 그는 이렇게 기쁘고 안전하고 가볍게 자기 길을 달렸으며, 썩어버리고 말 보물을 백배나 값진 물건으로 바꾸고 기뻐하였다(2첼라노 55).

성 프란치스코의 글

그리고 이 생활을 받아들이려고 찾아오는 사람들은 가지고 있던 모든 것을 가난한 사람들에게 주었습니다. 그리고 우리는 안팎으로 기운 수도복 한 벌로 만족히였고 원하는 사람은 띠와 속옷을 가졌습니다. 그리고 우리는 그 이상 더 가지기를 원치 않았습니다(유언 16-17).

성경 소구

그리고 내 이름 때문에 집이나 형제나 자매, 아버지나 어머니, 자녀나 토지를 버린 사람은 모두 백 배로 받을 것이고 영원한 생명도 받을 것이다(마태 19,29).

마음의 글

어떻게 해야 "가난"을 소유하는 것일까요? 그리고 부귀영화富貴榮華는 왜 추구할 가치가 없는 것일까요? 이것은 모든 이의 질문 중 하나겠지요. 그러나 프란치스코의 질문은 다르지요. 금방 사라질 것을 소유하는 것은 진정한 소유가 아니며, 또한 쉽게 잊히는 명예는 진정으로 추구할 가치가 아닙니다.

세상 사람들 눈에 귀히 여겨지는 금은보화가 프란치스코의 눈에는 그저 돌과 같을 뿐이었고, 세상 사람들이 싫어하는 "가난" 안에서야 풍부한 하느님 사랑을 체험했습니다.

기도

하느님, 나의 지도자! 저에게 프란치스코와 같이 당신의 자애를 깨닫고 세상의 헛된 것에 마음을 두지 않게 하시며, 하느님 나라를 위해 세상의 모든 것을 포기할 수 있게 하소서! 주님! 저는 프란치스코와 함께 당신의 사랑에 의지하여 내적 평화를 얻어 누리길 원합니다. 아멘.

9
은총의 선용

토마스 첼라노의 글

 그리스도의 새 제자들이 겸손의 수련에 대한 이러한 사항들을 충분히 토론하는 동안에 이미 하루가 저물어 때가 늦었다. 외딴곳을 지날 즈음해서 그들은 여행에 너무 탈진한 나머지 허기졌지만 먹을 것이라곤 하나도 발견할 수가 없었다. 그곳은 민가民家에서 너무 떨어진 곳이었다. 곧 하느님께서 은총으로 돌보아 주셨으니, 어떤 사람이 그들을 맞아 손에 든 빵을 주고는 가버렸다. 그러나 형제들은 그 사람이 누구인지 전혀 알지 못했다. 그래서 그들은 마음속으로 이상히 여기면서도 경건하게 하느님 섭리의 자비를 더욱 믿자고 서로 다짐했다.

음식을 먹고 나서 기운이 좀 생기자, 그들은 오르테읍 근처의 어떤 곳으로 가서 그곳에 거의 15일을 머물렀다. 그들 중 몇몇 형제들이 읍으로 들어가서 문전걸식門前乞食하여 얻은 약간의 음식을 다른 형제들에게 가지고 와서 감사한 다음, 기쁜 마음으로 서로 나누어 먹었다. ……

허망한 즐거움이나 육적인 즐거움을 불러일으킬 수 있는 것은 도무지 거들떠보지도 않았고 갖지도 않았을 때 그들에게는 큰 기쁨이 있었다. 그리하여 거기에서 그들은 거룩한 가난과 교제하기 시작하였다. 그리고 지상적인 것이 없는 것으로 큰 위로를 받았기에 거기서와 마찬가지로 이제 어디에서나 항상 가난에 의지하기로 마음먹었다. 지상의 모든 근심 걱정을 치워 놓았기 때문에 오직 천상적 위로만이 그들을 즐겁게 하였다. 그리하여 그들은 어떤 고난에 시달리고 어떤 유혹에 충동을 받아도 풍성한 가난의 품에서 물러나지 않기로 결심하였다.

마음의 순수한 힘을 파괴하는 데 적지 않은 구실을 할 수 있었던 그곳에 사는 재미가 그들의 마음을 사로

잡은 것은 아니었지만, 최소한 너무 오래 머물러 있으면 겉으로라도 소유욕이 나타나 그들의 마음을 산란하게 할지 염려되어, 결국 그들은 복되신 사부님을 따라 스폴레토 계곡으로 돌아갔다.

그들은 진실한 정의를 추구하는 자들로서 사람들과 섞여 살아야 하든, 한적한 곳으로 가야 하든 서로 의논했다. 자기의 재능을 믿지 않았으며 일이 있을 때마다 거룩한 기도에 호소하였던 성 프란치스코는 자기 자신을 위해서 사는 것이 아니라 모든 이를 위해서 돌아가신 그분을 위해서 살려고 했으니, 악마가 채가려고 하는 영혼들을 하느님 편에 서서 구하기 위해 자기가 파견되었음을 알고 있었기 때문이었다(1첼라노 34-35).

성 프란치스코의 글

나의 모든 형제들은 좋다고 생각될 때마다 하느님의 축복을 받아 다음과 같이 혹은 다음과 비슷하게 권고와 찬미를 누구에게나 전할 수 있습니다. 여러분은 만물의 창조주이시고 성부와 성자와 성령이시며 삼위와 일체이신 전능하신 주 하느님을 경외하고 공경하며 찬미하고 찬양하며 감사드리고 흠숭하십시오(비인준 규칙 21,1-2).

성경 소구

여러분도 마찬가지입니다. 여러분은 성령의 은사를 열심히 구하는 사람들이니, 교회의 성장을 위하여 그것을 더욱 많이 받도록 애쓰십시오(1코린 14,12).

마음의 글

하느님께서 어떤 이에게 은총恩寵을 허락하실 때, 단지 그를 위해서가 아니라 그를 통해서 더 많은 사람이 은총을 받게 하려고 그렇게 하십니다. 그러기에 어떠한 은총도 개인을 교만하게 하는 이유가 되어서는 안 되며 다른 사람을 위해 봉사해야 하는 이유가 되어야 합니다. 모든 창조의 아버지이신 하느님 눈에 인간은 고독한 존재가 아니라 서로서로 관계를 맺고 있기에 하느님은 모든 것의 아버지가 되시며, 우리는 모두 형제자매가 됩니다.

하느님 사랑이 곧 은총이며 누구든지 하느님 사랑을 체험하면 하느님께 사랑을 돌려드리기 위한 내적 열망으로 자연히 다른 이들을 사랑하게 되지요. 만약 그렇게 행동하지 않으면 그의 생활은 모순된 삶입니다. 그렇게 되면 그 사람 안에서 은총은 낭비되어 사라지고 심판받게 됩니다.

기도

지극히 선하신 주님, 당신께 감사와 찬미를 드립니다. 당신의 사랑으로 오늘의 제가 되었으며 당신이 제게 허락하신 은총은 저의 성취를 위해서가 아니라 다른 이들을 위해, 그리고 당신의 교회를 위해서입니다. 구하오니, 제가 기쁜 마음으로 형제자매를 위해 봉사하고 감사의 마음으로 당신께 모든 것을 돌려드리게 하소서! 아멘.

10
예수님의 믿음

토마스 첼라노의 글

이리하여 프란치스코는 그리스도의 가장 용감한 기사로서 도시와 마을을 두루 돌아다니면서 인간적 지혜에서 나오는 그럴듯한 말이 아니라 성령께서 주시는 지식과 힘으로 하느님 나라를 선포하였고 평화를 설교하였으며 죄를 없애기 위하여 구원과 회개를 가르쳤다.

그에게 허락된 사도적 권위로 말미암아 그는 모든 일에 매우 용감하게 행동하였고 결코 간교한 말투라든가 유혹하듯 상대의 비위를 맞추는 말 따위는 사용치 않았다. 그는 남이 잘못할 때 아첨할 줄을 몰랐으며 다만 그 나쁜 점들을 질타하였다. 또한 그는 죄인의 생활을 방치하지 않았을뿐더러 예리하게 꾸짖으며 그들을 엄하게 대했다. 왜냐하면 자신이 말로 가르친 바를 먼저 스스로 실행하여 확신을 가질 수 있었기 때문이다. 그는 비난하는 자들을 두려워하지 않고 옳은 것을 매우 확신에 찬 어조로 말했기에 유식한 사람들이나 권세와 영광을 누리는 사람들도 그의 놀라운 설교에 감명받아 경외심을 지니게 되었다.

모든 사람에게 딴 세상 사람으로만 비쳤던 하느님의 거룩한 사람을 만나 뵙고 말씀을 듣기 위하여 사내들도 달려갔고 아낙들도 달려갔으며, 성직자들도 서둘렀고 수도자도 지체하지 않았다. 남녀노소를 막론하고 주님께서 당신 종을 통하여 이 세상에서 새롭게 일하시는 놀라운 일들을 보기 위하여 서둘렀다. 성 프란치스코라는 존재 때문이었는지 혹은 그의 명성 때문이었는지는 몰라도 하늘에서 땅으로 새로운 빛이 비쳐와 당시 아무도 어디로 가야 할지를 알 수 없을 만큼 도처에 퍼져 있었던 어두움을 몰아내는 듯하였다. …….

프란치스코는 어두운 밤에 나타난 밝은 별처럼 또는 어둠 위에 펼쳐지는 아침처럼 빛났다. …… 어디에서나 감사의 표시와 찬미의 소리가 울려 퍼져 많은 사람이 세상사에서 오는 걱정을 떨쳐버리고 대신 복되신 사부 프란치스코의 생활과 가르침을 보고 자기 자신을 반성했으며, 창조주를 사랑하고 흠숭하기를 갈망하였다. …… 그는 누구에게나 생활의 규범을 보여주었고, 모든 계층의 사람들에게 구원의 길을 진실하게 제시하였다(1첼라노 36-37).

성 프란치스코의 글

주님의 이름으로! 마음을 다하고 목숨을 다하고 정신을 다하고 힘을 다하여 주님을 사랑하고, 자기 이웃을 자기 자신처럼 사랑하며, 자신들의 육신을 그 악습과 죄와 더불어 미워하고, 우리 주 예수 그리스도의 몸과 피를 받아 모시며, 회개의 합당한 열매를 맺는 모든 사람, 오, 그런 일을 실천하고 그런 일에 항구하는 남녀들은 얼마나 복되고 얼마나 축복받은 사람들인지!(1신자 편지 1-5)

성경 소구

너희는 가서 모든 민족들을 제자로 삼아, 아버지와 아들과 성령의 이름으로 세례를 주고, 내가 너희에게 명령한 모든 것을 가르쳐 지키게 하여라. 보라, 내가 세상 끝 날까지 언제나 너희와 함께 있겠다(마태 28,19-20).

마음의 글

예수님에 관하여 이런 이야기를 들은 적이 있습니다. 예수님께서 세상을 떠나 승천하시어 천사들이 천국 문으로 모두 마중 나와 열렬히 예수님을 환영할 때, 귀여운 천사 하나가 예수님께 물었답니다. "주님, 이번에 당신 친히 세상에 가셔서 하느님 말씀을 세상 사람들에게 전하셨으니, 당신 말씀을 믿고 회개한 사람이 아주 많았겠지요?" 예수님께서 대답하십니다. "내가 불러서 나를 따른 사도는 12명이었는데, 그중 한 명은 나를 배신했단다. 그러니 너는 나를 믿는 사람이 몇 명이라고 생각하느냐?" 예수님의 이 말씀을 듣고 또 다른 천사가 질문하였습니다. "그러면, 어째서 이렇게 빨리 돌아오셨나요. 그 뒤의 일은 남은 사도들에게 맡겨야 하나요? 주님, 당신은 사도들의 능력을 믿으시나요?" 주님이 "그럼, 나는 그들을 믿지."라고 말씀하셨답니다. 주님은 사도들을 믿을 뿐만 아니라, 사도들을 통해 믿음을 얻은 모든 그리스도인을 믿는답니다. 그렇기에 프란치스코는 이런 예수님의 믿음에 실망을 드리지 않았답니다. 우리는 어떤가요?

기도

자애로우신 하느님, 당신은 이 세계가 얼마나 당신의 은총이 필요한지 알고 계십니다. 구하오니, 당신의 사랑으로 우리를 위로해 주시고, 냉담과 불목不睦에서 벗어나 서로 사랑하게 하시고, 제가 당신의 평화의 도구가 되게 하소서! 아멘.

11 - 20일

11
만물과의 대화

토마스 첼라노의 글

지극히 복되신 사부 프란치스코는 스폴레토 계곡을 여행하고 있었다. 그가 베바냐 근처에 이르렀을 때 그곳으로 비둘기와 까마귀 그리고 흔히 갈가마귀라고 부르는 새 등 온갖 날짐승들이 떼를 지어 날아들었다. 크나큰 열정을 지닌 하느님의 지극히 복되신 종 프란치스코는 새들을 보자, 이성이 없는 하등동물들을 가엾어하는 부드러운 온정이 마구 솟아 길에다 동료들을 놓아둔 채 급히 새들에게 달려갔다.

그가 새들에게 아주 가까이 갔을 때 새들이 그를 기다리고 있었다는 것을 알아차리고는 흔히 그가 하던 방식으로 인사하였다. 그런데 새들이 흔히 그렇듯이 날아서 도망가지 않자, 적잖이 감탄한 그는 큰 기쁨에 싸여 새들에게 하느님의 말씀을 들어보라고 겸손히 청했다.

그는 새들에게 많은 이야기를 하는 중에 다음과 같이 말하였다. "나의 새 자매들이여! 여러분은 여러분의 창조주를 마냥 찬미하고 늘 사랑해야 합니다. 그분은 여러분에게 옷을 입히시려고 깃을 주셨고, 날아다닐 수 있게 하시려고 날개를 주셨으며, 여러분에게 필요한 것이면 무엇이나 주셨습니다. 하느님께서는 당신의 창조물 중에서도 여러분을 귀하게 만드셨고, 맑은 대기 속에다 집을 마련해 주셨습니다. 여러분은 씨를 뿌리거나 거두지 않습니다. 그런데도 여러분들 스스로는 도무지 걱정하지 않고도 살 수 있도록 그분은 여러분을 지켜주시고 보살피십니다." 프란치스코도 말했고, 또 그와 함께 있었던 형제들도 증명했듯이 새들은 그의 말을 듣고 그들의 본성대로 기이한 몸짓을 하면서 흥겨워하였다. 목을 늘이고, 날개를 펼친 채 주둥이를 벌려 그를 응시하기 시작하였다. 그러자 프란치스코는 그의 수도복 옷자락으로 새들의 머리와 몸을 스치며 그들의 한가운데를 오갔다. 마지막으로 그는 새들에게 십자성호를 그어 강복한 다음, 다른 곳으로 날아가도 좋다는 허락을 내렸다. 이어서 복되신 사부님은 기쁨에 넘쳐 동료들과 함께 길을 떠나면서 모든 피조물이 무릎을 꿇어 경배를 드리는 하느님께 감사를 드렸다.

…… 그런 일이 있고 난 다음 날부터 그는 모든 새와 동물 그리고 파충류와 감각 없는 피조물까지도 그들의 창조주를 찬미하고 사랑할 것을 열의를 다하여 권하였다. 이것은 그가 구세주의 이름을 부르며 권하면, 그들이 이에 순종하는 것을 매일매일 체험하였기 때문이었다(1첼라노 58).

성 프란치스코의 글

전능하시고 지극히 거룩하시고 지극히 높으시며 으뜸이신 하느님, 모든 선이시고 으뜸선이시고 온전한 선이시며, 홀로 선하신 당신께, 모든 찬미와 모든 영광과 모든 감사와 모든 영예와 모든 찬양과 그리고 모든 좋은 것을 돌려드리나이다. 그대로 이루어지소서. 그대로 이루어지소서. 아멘(시간경 찬미 11).

성경 소구

주님께 환성 올려라, 온 세상아. 즐거워하며 환호하여라, 찬미 노래 불러라. 비파와 함께 주님께 찬미 노래 불러라, 비파와 노랫가락과 함께(시편 98,4-5).

마음의 글

누군가 만물과 소통하고 새들에게 설교할 수 있다면, 이는 실제로 특별한 은총을 받은 것일 겁니다. 어느 날 내가 만물과 소통하고 새들에게 설교할 수 있다면, 얼마나 신비로운 일일까요? 단언컨대, 나로 인해 많은 사람이 하느님을 믿지 않을까요? 그러면 나와 프란치스코는 무엇이 다른가요? 그는 이 모든 것이 가능했는데 나는 왜 가능하지 않을까요? 생각해 보건대, 프란치스코는 그 모든 것이 자신의 것이 아니고 하느님께서 주신 은총임을 알았기에 그는 만물 안에서 자기 영광을 찾지 않고 창조주 하느님의 영광만을 찾았기 때문입니다. 그는 겸손하게 만물과 어울렸고 또한 가난한 마음으로 만물 안에서 만물과 함께 하느님을 아버지라 불렀지요.

기도

하느님, 하늘과 땅 그리고 우주 만물은 모두 당신의 창조물이기에 당신이 저를 사랑하시듯 하늘의 새들과 바다의 물고기들 그리고 모든 만물을 사랑하십니다. 원하오니, 저와 모든 우주 만물이 하나의 기원에서 나오고 그래서 모두는 형제자매이기에, 저희에게 그들을 보호하고 존중하는 마음을 허락하소서! 아멘.

12
하느님 갈망

토마스 첼라노의 글

    하느님의 사람인 프란치스코는 자기 욕심을 채우라는 가르침을 받지 않았고, 다른 사람의 구원에 도움이 되는 것만을 찾으라는 가르침을 받았다. 그렇지만 자유로워진 그는 오로지 그리스도와 함께 있기를 열망하였다. 그러므로 그의 주된 관심은 하찮은 먼지에 오염되어 마음의 청명함이 단 한 시간도 흩어지지 않게 하려고 지상의 모든 것에서 자유롭게 있는 것이었다. 그는 외적인 소음에 초연하도록 하였고, 육신의 오관을 철저히 통제하였으며, 마음의 움직임을 제어하여 자신을 하느님으로만 채웠다. 그는 바위틈에다 보금자리를 마련하였고, 절벽의 동굴을 거처로 삼았다.

그는 기뻐 즐거워하며 천상 거처만을 넘나들었고, 자신을 온전히 비우고 구세주의 오상五傷 속에 아주 오랫동안 머물러 있었다. 그러므로 그는 자주 한적한 곳들을 찾게 되었고 그곳에서 온전히 하느님께 마음을 향할 수 있었다. 그러면서도 그는 적절한 때에 굼뜨지 않게 이웃의 일에 관계하였고, 이웃의 구원과 관련되는 일들을 기꺼이 보살펴 주었다.

그의 가장 포근한 안식처는 기도였다. 그 기도는 잠시 하는 기도라든가 헛되거나 자부심이 들어 있는 기도가 아니라 장시간에 걸쳐 심혈을 기울여 겸허하게 고요히 드리는 기도였다. 저녁에 시작한 기도라면 아침이 되기 전에는 끝내는 법이 거의 없었다. 걸을 때나 앉아 있을 때나, 먹을 때나 마실 때나, 그는 늘 기도에 몰두하였다. 그는 홀로 늦은 밤에 기도하려고 아무도 돌보지 않는 성당이나 폐허에 있는 성당에 가곤 하였다. 그는 하느님 은총의 보호하심으로 두려움과 동요를 기도 안에서 극복하였다(1첼라노 71).

성 프란치스코의 글

우리 모두는 모든 곳에서, 모든 시간과 모든 때에, 날마다 그리고 계속해서, 지극히 높으시고 지존하시고 영원하신 하느님을, 삼위이시고 일체이신 성부와 성자와 성령을, 만물의 창조자이시고 그분을 믿고 희망하고 사랑하는 이의 구원자를 진실하고 겸손히 믿고, 마음에 모시고, 사랑하고, 공경하고, 흠숭하고, 섬기고, 찬미하고 찬양하며, 영광을 드리고, 드높이고, 찬송하고 감사드립시다(비인준 규칙 23,11).

성경 소구

너는 기도할 때 골방에 들어가 문을 닫은 다음, 숨어 계신 네 아버지께 기도하여라. 그러면 숨은 일도 보시는 네 아버지께서 너에게 갚아 주실 것이다(마태 6,6).

마음의 글

영성 생활을 위한 필수 조건은 온 마음으로 하느님 찾기를 갈망渴望하는 것입니다. 우리는 두 주인을 섬길 수 없고, 내가 갈망하는 것을 우리는 성취하기 마련입니다. 온 마음으로 하느님을 갈망하는 것은 바로 마음 한가운데에 하느님이 임재하심을 뜻하고, 마음 중에 하느님이 계시는 것은 하느님 외에 어떤 것도 없는 것이 아니라 모든 것 안에서 하느님을 보는 것이며, 또한 하느님 안에서 모든 것을 보는 것입니다.

하느님은 사랑하는 애인과 같기에 모든 사물 안에서 우

리에게 당신 사랑을 드러내십니다. 만약 우리가 영원하신 하느님을 갈망하면 설령, 우리가 합당치 못하더라도 이미 그분의 사랑 안에 머무르는 것입니다. 그러나 세속의 삶을 갈망하면 스스로 하느님을 위한 일이라 할지라도 세속과 함께 잊히는 삶을 사는 것입니다. 온 마음으로 하느님을 갈망하는 사람만이 하느님의 사랑을 받기에 합당한 자 되며 그들은 갈망 중에 사랑을 실천합니다.

기도

주님, 저는 매일의 분주한 삶 안에서도 암사슴이 시냇물을 그리워하고, 가문 밭이 단비를 갈망하듯 당신과 만나길 갈망합니다. 간구하오니, 제가 일하고, 쉬고, 먹고, 마시는 삶 안에서도 마음은 항상 당신을 갈망하고 영원히 당신 안에 머물 수 있도록 은총 내려 주소서! 아멘.

13
가난한 이들의 아버지

토마스 첼라노의 글

　가난한 자들의 아버지이신 가난한 프란치스코는 스스로 모든 가난한 사람들과 같아지려 하였고, 당신보다 더 가난한 사람을 만나면 몹시 슬퍼하였다. 그것은 헛된 영광을 탐해서가 아니라 다만 동정심에서였다. 그는 실로 볼품없고 거친 속바지 한 벌로 만족하였지만, 그 한 벌도 가난한 사람과 나누어 가지기를 몹시도 자주 염원하였다.

　이 진정 풍요로운 가난한 사람은 크나큰 애정에 이끌려 어떻게 해서라도 가난한 자들을 도우려 하였고, 몹시 추울 때면 이 세상의 부자들에게 외투나 모피를 청하곤 하였다. 지극히 복되신 사부님은 당신이 청할 때보다 더 기꺼운 마음으로 그들이 내주면 이렇게 말하곤 하였다. "이것을 다시 돌려받으리라 기대하지 않으실 것으로 알고 받겠습니다." 그러고는 자기가 입은 것을 첫 번째로 만나는 가난한 사람에게 기쁘고 즐거운 마음으로 입혔다.

그리고 가난한 사람이 수치를 당한다든가, 피조물이 누구에게서 저주를 듣는 것을 보면 그는 몹시 괴로워하였다. 한번은 일이 벌어졌다. 어떤 형제가 동냥하는 가난한 사람에게 욕설했기 때문이다. "여보시오, 부자이면서 가난한 척하지 마시오!" 가난한 자들의 아버지이신 프란치스코가 이 말을 듣고는 뼈를 깎는 고통을 느꼈다. 이에 그는 그 말을 한 형제를 호되게 꾸짖고 그 가난한 사람 앞에서 옷을 벗고 발에 입을 맞추어 용서를 청하라고 명하였다. 그는 다음과 같이 말하곤 하였다. "가난한 사람에게 저주하는 자는 그리스도께 상처를 입히는 일입니다. 부요하신 그리스도께서 우리를 위하여 가난하게 되신 그 높은 상징을 그들이 달고 다닙니다."

그러므로 그는 가난한 사람이 나뭇짐이나 다른 짐

꾸러미를 지고 가는 것을 보면 자기 어깨도 약골이면서 도와주겠다고 어깨를 자주 내밀었다(1첼라노 76).

성 프란치스코의 글

모든 형제들은 우리 주 예수 그리스도의 겸손과 가난을 따르도록 힘쓸 것이며, "먹을 것과 입을 것이 있으면, 우리는 그것으로 만족합시다"라고 사도가 말한 대로 온 세상의 다른 어느 것도 가져서는 안 된다는 것을 기억할 것입니다. 그리고 천한 사람들과 멸시받는 사람들 가운데에서, 또한 가난한 사람들과 힘없는 사람들, 병자들과 나병 환자들, 그리고 길가에서 구걸하는 사람들 가운데에서 살 때 기뻐해야 합니다(비인준 규칙 9,1-2).

성경 소구

행복하여라, 가련한 이를 돌보아 주는 이! 불행의 날에 주님께서 그를 구하시리라(시편 41,2).

마음의 글

프란치스코 눈에 우리는 가난한 사람들이지요. 우리는 아무것도 가진 것 없고 다만, 자랑하고 내세울 것이 있다면 그것은 우리의 나약함과 결핍 그리고 죄악입니다. 매 순간 숨 쉬는 공기도 하느님의 보살핌이고, 매시간 존재할 수 있는 것 또한 하느님의 은혜입니다. 자신의 가난을 인정하는 것이 곧 하느님 앞에서 진정한 모습이라 생각합니다. 진리는 우리에게 자유와 희망을 선물하지요.

우리는 마땅히 희망을 두어야 할 곳이 어디인지를 알기에, 나약하고 무능한 자신과 곧 사라질 세속에 희망을 두지 말아야 합니다. 내게 아무것도 없다고 한들 중요치 않아요. 그분께는 모든 것이 있으니까요. 나는 가난해도 괜찮아요. 그분은 부유하니까요. 우리는 그분 안에서 비로소 모든 것을 소유하게 되고 모든 것을 얻기에 기꺼이 다른 이들과 나눌 수 있지요. 나눔이 곧 부유함이니까요.

기도

하느님! 당신은 나약하고 가난한 이들의 하느님이십니다. 그들이 위험에 빠지면 도움을 주시며 곤궁하면 만족하게 해 주시고, 나약해지면 강건하게 이끌어 주시며, 고독할 때 동반해 주십니다. 세상 사람 눈에는 소중하지 않은 것이 당신 눈에는 소중하기에, 당신의 생각과 행동은 그들과는 다릅니다. 주님! 당신 앞에 저는 가난한 자임을 인정합니다. 청하오니, 당신의 사랑으로 제 마음을 채워 주시고 풍부하게 해 주소서! 아멘.

14
만물과의 관계

토마스 첼라노의 글

영화로우신 사부 프란치스코가 …… 삼라만상에서 창조주이신 하느님의 지혜와 힘과 선을 명상할 때 그가 즐긴 그 감미로운 느낌을 누가 말로 다 할 수 있으리오? 진정 창조주의 지혜와 힘과 선을 관조하면서 해를 쳐다볼 때, 달을 바라볼 때 그리고 별과 창공을 응시할 때, 이루 말로 다 할 수 없는 경이로운 기쁨에 자주자주 도취하곤 하였다. 오, 단순한 경건이여, 경건한 단순성이여!

그는 구더기 한 마리를 보고도 큰 사랑에 불탔다. 그는 거기에서 구세주께 대하여 씌어 있는 말씀을 읽었기 때문이었다. "저는 인간이 아닌 구더기." 그러므로 그는 구더기를 길에서 집어 들고, 행인들의 발에 밟힐까 봐 안전한 곳에다 옮겨 주었다.

그는 겨울에는 벌들이 약해지지 않게 하려고 꿀이나 질이 좋은 포도주를 공급해 줄 정도였으니, 다른 하등동물에 대한 그의 사랑에 대해서는 무엇을 더 말하겠는가? 그는 벌들의 완벽한 일 처리와 탁월한 기술을 하느님의 영광을 위하여 여러 사람 앞에서 칭찬하였고, 벌이나 다른 피조물들을 찬탄하며 하루를 온통 보내곤 하였다. 옛날에 유다인 세 청년이 불가마에서도 모든 피조물을 하느님께 찬미와 영광을 드리도록 권유하였듯이, 이 사람도 하느님의 기운이 마음에 가득 차서 창조된 삼라만상에서 만물의 창조주이시며 지배자이신 분께 끊임없는 영광과 찬미와 축복을 바쳤다.

성인께서 아름다운 꽃의 자태를 보고 향긋한 방향芳香을 맡을 양이면, 이 꽃의 아름다움이 얼마만 한 기쁨을 그의 마음에다 부어 넣었는지를 독자 여러분께서 생각할 수 있을는지? 그는 사고思考의 눈을 이사이의 그루터기에서 피어나와 봄날에 빛을 주며, 그 향기로 해서 헤아릴 수 없이 많은 주검을 부활시킨 바 있는 그 꽃의 아름다움으로 돌리곤 했다. 그는 꽃 무리를 보게 되면 마치 꽃에 이성이 있는 양 설교하였고, 주님을 찬미하도록 권하였다. 같은 식으로 그는 잡곡 밭, 포도밭, 돌, 숲 그리고 들에 있는 예쁜 열매들, 흐르는 샘물, 동산의 푸른 풀이나 나무, 땅 불, 공기, 바람에게도 하느님을 사랑하고 기꺼이 하느님께 봉사하도록 매우 성실하고 순수한 마음으로 권하였다. 마지막으로 그는 모든 피조물을 형제자매라고 불렀고, 아무도 알 수 없는 탁월한 방법과 예민한 감성으로 사물의 숨겨진 비밀을 간파하였다. 이미 그는 하느님 자녀들의 영광스러운 자유에 뛰어든 사람이었다(1첼라노 80-81).

성 프란치스코의 글

내 주님, 당신의 모든 피조물과 더불어 찬미받으시옵고, 그 가운데 각별히 주인이신 해님 형제와 더불어 찬미받으소서.
해님은 낮이옵고, 그로써 당신께서 저희를 비추시나이다.
아름답고 장엄한 광채로 빛나는 해님은,
지극히 높으신 당신의 모습을 지니나이다.

내 주님, 달 자매와 별들을 통하여 찬미받으시옵소서.
당신께서는 빛 맑고 귀하고 어여쁜 저들을 하늘에 마련하셨나이다(태양 노래 5-11).

성경 소구

주 저희의 주님 온 땅에 당신 이름, 이 얼마나 존엄하십니까! 하늘 위에 당신의 엄위를 세우셨습니다(시편 8,2).

마음의 글

과학기술의 발달로 인해 사람들은 우주 만물을 조종하려 하고 그 능력을 남용하기에 만물은 그저 이용의 도구로 전락했을 뿐 아니라 또한 갈취의 대상이 되었답니다. 그들에게 돌은 건축자재이기에 가치가 있고, 나무는 종이의 원료이기에 가치가 있지요. 만약 우리가 그들을 형제자매로 볼 수 없다면, 우리 또한 그들 안에서 하느님을 볼 수 없겠지요. 오! 대자연의 형제자매여! 그대들에게 감사드립니다!

기도

주 하느님, 당신의 이름이 모든 피조물에게 찬양받으시며, 우리로 하여금 태양과 달, 별과 대지, 꽃과 풀, 파충류와 동물 안에서 당신을 발견케 하시고, 찬미와 영광 그리고 흠숭을 드리게 하소서! 당신은 만물 안에서 우리에게 당신 사랑을 드러내십니다. 아멘.

15
하느님께 돌려드림

토마스 첼라노의 글

 아씨시 고을의 베르나르도라는 사람이 나중에는 완덕의 아들이 되었지만, 하느님 사람의 표양을 보고 나서 세상을 완전히 경멸할 계획을 품고 겸손하게 프란치스코의 조언을 구했다. 그는 프란치스코와 의논하며 말하였다. "오, 스승님, 만약에 누가 자기 주인의 재산을 오랫동안 가지고 있다가 더는 보관하고 싶지 않으면, 그 재산을 어떻게 관리하는 것이 더 완전할까요?" 하느님의 사람은 주인에게 모두 되돌려 주어야 한다고 답하였다. 그러자 베르나르도가 그에게 말했다. "제가 소유하고 있는 것은 모두 하느님으로부터 받은 것으로 알고 있습니다. 당신의 조언을 듣고, 그분께 되돌려야

겠다는 결심이 벌써 섰습니다." 성인이 말하였다. "당신이 말한 것을 실제로 확인하고 싶으면, 아침 일찍 성당 안으로 들어가 복음서를 들고 그리스도께 조언을 구합시다." 이리하여 그들은 이른 아침에 성당에 가서 기도드린 다음 복음서를 펼치고 맨 처음에 나오는 권고를 따르기로 하였다. 그들이 책을 펼치자, 그리스도께서 복음서를 통해 권고하셨다. "네가 완전한 사람이 되려거든 가서 너의 재산을 팔아 가난한 이들에게 주어라." 재차 책을 펴니 "길을 떠날 때 아무것도 가져가지 말라."는 구절이 나타났다. 세 번째 또 반복하자 다음과 같은 구절을 만났다. "누구든지 내 뒤를 따라오려면 자신을 버려야 한다." 베르나르도는 즉시 이 모든 권고를 조금의 어긋남도 없이 이행하였다(2첼라노 15).

성 프란치스코의 글

누군가가 하느님의 영감을 받아 이 생활을 받아들이려고 우리 형제들을 찾아오면, 형제들은 그를 친절하게 맞이할 것입니다. 만일, 그 사람이 우리 생활을 받아들일 마음이 확고하면, 형제들은 그의 재산 문제에 관여하지 않도록 극히 조심할 것이며, 그를 될 수 있는 대로 빨리 봉사자에게 보낼 것입니다. 그리고 봉사자는 그를 친절하게 맞이하고 용기를 북돋아 주며, 우리 생활의 내용을 정성껏 설명할 것입니다. 그리고 나서 그 지원자가 그렇게 할 원의가 있고, 또 영적으로 아무 장애 없이 그렇게 할 수 있으면, 자기의 모든 것을 팔아 가난한 사람들에게 모두 나누어 주도록 힘쓸 것입니다 (비인준 규칙 2,1-4).

성경 소구

예수님께서 제자들과 함께 군중을 가까이 부르시고 그들에게 말씀하셨다. "누구든지 내 뒤를 따르려면 자신을 버리고 제 십자가를 지고 나를 따라야 한다."(마르 8,34)

마음의 글

제가 가장 존경하는 프란치스코의 정신은 바로 가난 안에서의 기쁨과 포기하면 더 풍부해진다는 생활 태도입니다. 포기한다는 것은 자기에게 속한 것을 그저 잃는 것이라고 많은 이들은 생각하지만, 프란치스코에게 포기한다는 것은 원래 주인에게 되돌려준다는 의미입니다. 그러니 포기하는 것은 당연한 행동이기에 그의 마음은 가볍고 기쁘며 감사하게 합니다.

그렇습니다, 내 것으로 생각한 것을 원래 주인에게 돌

려주는 것이니 마음이 홀가분할뿐더러 기쁨으로 충만하고 포기하는 것이 많으면 빌린 것이 더욱 적어지니까요. 그러니 빌린 것이 적을수록 마음은 평안하고 감사드릴 수 있지요. 왜냐하면 우리가 가지고 있는 모든 아름답고 선한 사물 곧 능력이나 재능, 우정이나 가족관계, 생명 등 이 모든 것은 하느님께서 우리에게 빌려준 것이니까요. 그러니 우리는 마땅히 그분께 감사와 찬미를 드려야합니다.

기도

하느님, 저에게 속한 모든 것은 원래 당신의 것입니다. 제가 오로지 당신을 사랑하려면, 저를 속박하고 자유롭지 못하게 하는 사물들을 포기해야 함을 깨닫습니다. 비록 저는 가난하지만 오직 당신을 얻었기에 만족합니다. 구하오니, 저에게 용기와 은총을 허락하시어 모든 사물로부터 자유롭고 온몸과 정신을 다해 당신을 따르게 하소서! 아멘.

16
마음을 드높이

토마스 첼라노의 글

우리 시대의 예언자가 이렇게 특별한 은총을 받아서 탁월하게 빛나야 한다는 것은 그 누구에게도 이상하게 느껴지지 않을 것이다. 사실 그는 지상적인 일들의 어두움에서 풀려났고, 육적인 쾌락들을 정복하였으며, 그의 지성은 가장 높은 곳으로 날아갈 듯이 자유로웠고, 빛 속으로 잠길 만큼 순수했다. 이렇게 영원한 빛줄기의 조명을 받아 그는 하느님의 말씀에서 말을 뽑아내어, 자기의 언어 안에서 메아리치게 하였다.

그런데 아! 오늘날 우리는 얼마나 다른가! 우리는 어두움으로 몸을 칭칭 동여매어, 반드시 알아야 할 일들도 모르고 있지 않은가! 이를 모르는 것은 우리가 육신을 벗하여 세상의 먼지에 빠져 있기 때문이 아니고 무엇이겠는가? 우리가 하늘을 향해 손을 들고 우리의 마음도 하느님께 들어 올리면, 그래서 영원 안에 머물기를 택한다면, 우리가 모르는 것들을 아마도 알게 될 것이다. 곧 하느님과 우리 자신을 알게 될 것이다. 시궁창에 빠져 있으면 시궁창밖에 보이지 않는다. 우리의 눈을 하늘에 고정하면 천상의 일을 모를 수가 없다(2첼라노 54).

성 프란치스코의 글

오, 높으시고 영광스러운 하느님,
제 마음의 어두움을 비추어 주소서.

주님, 당신의 거룩하고 참된 명命을 실천할 수 있도록
올바른 믿음과 확실한 희망과 완전한 사랑을 주시며
감각과 깨달음을 주소서. 아멘(십자가 기도).

성경 소구

하느님의 뜻은 바로 여러분이 거룩한 사람이 되는 것입니다(1테살 4,3).

마음의 글

프란치스코의 삶이 완덕完德의 여정이었다고 생각되면 그에게 배우면 되겠지요. 만일 그의 말에 깊이 귀를 기울인다면 비로소 그의 목소리가 들려올 것입니다. 곧 성인이 먼저 모범의 삶을 살았듯이 저희도 그렇게 주님의 발자취를 따르라고요.

성인은 생성生成된 것이 아니고 하느님의 은총과 자신의 노력으로 만들어진 것입니다. 때로는 이렇게 생각할 수도 있지요. '그는 프란치스코이고 나는 그가 아니다. 그는 성인이 되셨고, 나는 아니다. 그러니 어떻게 그의 삶을 배울 수 있나?' 당연히 그는 나와 다르지만, 이러한 다름은 나의 성장에 장애가 되지 않고 오히려 나를 인도하여 성덕의 삶으로 향하는 원동력이 되겠지요. 우리가 프란치스코를 드높일수록 우리의 마음도 들어 높여짐을 깨닫게 되지요. 성인이 된다는 것은 소수 사람의 몫이 아니라 모든 이들의 의무니까요.

기도

인자하신 하느님, 저의 생활은 때때로 무지와 어둠 중에 있고 심지어 제가 인식해야 하는 영적 생명에 관하여도 잘 깨닫지 못한 적이 많았답니다.

간구하오니, 당신이 저를 알듯이 저 또한 저 자신을 알고 마음 깊이 당신의 사랑을 체험하게 하소서! 아멘.

17
죄의 사면

토마스 첼라노의 글

 하루는 그에게 내려 주시는 하느님의 은혜와 자비에 놀라면서 자신과 형제들이 살아갈 길을 보여주시기를 주님께 간구하였다. 그는 자주 그랬듯이 기도할 곳을 찾아내었다. 그리고 온 세상의 주님 앞에 두렵고 떨리는 마음으로 오랫동안 머물렀다. "오, 하느님! 이 죄인을 불쌍히 여겨 주십시오" 이 기도를 수없이 되풀이하면서 비참하게 보낸 지난 여러 해를 생각하고 마음 아파하였다. 그랬더니 차츰 말로 다 할 수 없는 어떤 즐거움과 대단히 큰 감미로움이 마음 깊은 곳에 넘쳐흐르기 시작했다. 그는 자기 자신으로부터 초연해지기 시작했다. 그리고 마음 안에 죄의 두려움으로 말미암아 자신을 억누르던 어두움이 밀려나면서 모든 죄를 용서받을 수 있으리라는 확신과 은총에 다시 나아갈 수 있으리라는 자신감이 보이기 시작하였다. 그때 그는 자신의 몸이 위로 들어올려져서 어떤 빛에 완전히 흡수되는 듯했다. 그리고 마음이 넓어지면서 장래의 일을 똑똑히 볼 수 있었다. 마침내 이 즐거움이 빛과 더불어 사라지자 그는 마음이 새로워져서 전혀 딴사람으로 변해버린 듯하였다(1첼라노 26).

성 프란치스코의 글

저희 죄를 용서하시고
형언할 수 없는 당신의 자비와,
우리의 주님이시며 사랑하는 당신 아드님 수난의 힘과,
지극히 복되신 동정 마리아와
당신께서 뽑으신 모든 이들의 공로와 전구轉求로…

(주님 기도 7).

성경 소구

오, 하느님! 이 죄인을 불쌍히 여겨 주십시오(루카 18,13).

마음의 글

과거에 범했던 죄가 어떻게 한 번에 용서받을 수 있을까요? 이미 잘못 걸어온 길을 어떻게 새롭게 걸어갈 수 있는지요? 그러나 이 모든 것은 한계를 지닌 인간의 생각일 뿐입니다. 왜냐하면 사람의 능력으로는 할 수 없는 모든 것이 하느님의 능력으로는 가능하니까요. 하느님은 돌아온 탕자에 나오는 자애로우신 아버지이시고, 잃어버린 양을 찾아 사방팔방으로 광야를 헤매는 선한 목자이시며, 모든 이를 위한 사랑으로 십자가에 못 박혀 돌아가신 주님이시니까요.

결국 죄를 용서받음은 하느님께 있는 것이 아니라, 나에게 있는 것이지요. 죄악의 무서움은 내가 범한 죄악에 있는 것이 아니라, 내적으로 하느님을 멀리하고 그분의 사랑에 의심을 품으며 그분의 무조건적인 용서를 믿지 않을 때입니다. 그러니 우리가 승리해야 할 것은 한두 번 범하는 죄악이 아니라 하느님에게서 멀어지려는 마음, 곧 그분 사랑에 대한 불신이 아닐까요?

기도

너그러우신 주님, 저는 당신 앞에서 깊이 삶을 반성하며 제가 범한 죄의 용서를 청합니다. 간구하오니, 저를 아련히 여기시어 돌보아 주시고, 저의 죄를 용서하시어 제 마음의 두려움을 없애주시며, 프란치스코와 같이 마음 안에 진정한 평화와 자유를 얻어 누리게 하소서!
아멘.

18
복음 선교

토마스 첼라노의 글

복되신 프란치스코는 모든 형제를 불러 모아 그들에게 하늘나라와 세상의 질서에 대하여 그리고 자신의 의지를 포기하는 것과 육신을 굴복시키는 일에 대하여 여러 가지를 이야기하였다. 그리고 그들을 둘씩 네 무리로 나누고 난 다음 말하였다. "자, 사랑하는 나의 형제들! 둘씩 짝지어 세상 곳곳으로 떠나십시오. 그리고 사람들에게 평화를 전하고 회개로 죄를 용서받도록 하십시오. 그리고 환난 중에 인내하십시오. 주님께서 당신의 목적과 약속을 이룩해 주시리라고 확신하십시오. 질문하는 자들에게 겸손하게 대답하시고 여러분을 박해하는 자들을 축복하십시오. 그리고 여러분을 해치고

중상하는 사람들에게 감사하십시오. 왜냐하면 이러한 일들이 여러분에게 영원한 나라를 준비해 주기 때문입니다."

형제들은 순종의 말씀을 받아들이며 매우 즐겁게 성 프란치스코 앞에 나아가 땅에 무릎을 꿇었다. 성 프란치스코는 그들을 껴안고는 부드럽고 애정에 찬 목소리로 말하였다. "여러분의 생각을 주님께 맡기십시오. 그러면 몸소 당신이 해주십니다." 그는 형제들을 파견할 때마다 언제나 순종으로 이 말을 하였다(1첼라노 29).

성 프란치스코의 글

"주님께서 당신에게 평화를 내려 주시기를 빕니다" 하고 우리가 해야 할 인사를 주님께서 나에게 계시하셨습니다(유언 23).

성경 소구

내가 복음을 선포하지 않는다면 나는 참으로 불행할 것입니다(1코린 9,16).

마음의 글

이스라엘 팔레스타인 지역에는 두 개의 큰 호수가 있답니다. 그중 하나는 북부에 있는 갈릴래아 호수이고, 다른 하나는 남부에 있는 사해死海입니다.

갈릴래아 호수는 강물이 들어오고 나가는 민물이며, 호숫가에는 수목이 무성하고 호수에는 수많은 물고기와 새가 서식하지요. 반면 사해는 염분이 높고 들어오는 물은 있어도 나가는 물이 없기에 호숫가에 수목이 자라지 못하고 수중에는 생물이 살 수 없습니다. 마치 죽음의 장막이 드리워진 듯하여 그 이름이 '사해'라 불립니다.

많은 사람이 선교는 쉬운 일이 아니라고 생각하곤 합니다. 저 또한 복음 선교에 특별한 영약靈藥은 없다고 생각합니다. 그러니 만약 저에게 복음 선교의 열정과 의지가 없다면 복음을 전할 수 없고, 복음 선교의 열정과 의지가 있다면 지는 복음을 전하지 않으면 안 됨을 압니다.

기도

하느님, 제가 사랑을 나누고 전해야 함을 예수님의 삶과 프란치스코의 삶을 통해 알게 해 주셨기에 감사드립니다.

간구하오니, 저에게 용기와 지혜를 허락하시어 제가 당신의 사랑으로 사람들에게 다가가고, 당신이 허락하신 평화와 구원의 기쁨을 모든 이에게 전하며 나누게 하소서! 아멘.

19
하느님께 대한 신뢰

토마스 첼라노의 글

 복되신 사람이 리에티 근처의 한 은둔소에 머물러 있을 때 한 의사가 그의 눈을 치료하느라 매일 그를 방문했다. 어느 날 성인이 형제들에게 말했다. "의사를 초대해서 맛있는 것을 좀 주도록 합시다." 수호자가 그에게 다음과 같이 대답하였다. "사부님, 낯 뜨겁고 부끄러워서 그를 초대하겠다고 말할 수가 없습니다. 우리가 지금 가진 것이라고는 아무것도 없습니다." 성인이 답하였다. "다시 말해야 알아듣겠습니까?" 그러자 옆에 서 있던 의사가 말했다. "친애하는 형제들이여, 저는 여러분의 궁핍을 진미로 여깁니다." 형제들이 급히 움직여 창고에 있는 것을 모두 식탁 위에 내놨다. 그래 봐야

약간의 빵과 조금의 포도주가 고작이었고, 부엌에서는 특식이라고 할 수 있는 채소를 내왔다.

그러는 동안 주님의 식탁이 종들의 식탁에 동정심을 품었다. 문을 두드리는 소리가 났다. 급히 대답하였다. 보라! 어느 부인이 바구니에 좋은 빵과 생선, 왕새우 튀김, 꿀 그리고 포도를 듬뿍 담아 온 것이 아닌가! 식탁의 가난한 형제들이 이것을 보고 환호하였다. 값싼 음식은 다음 날 먹기 위해서 남겨두고, 그날은 값진 그 음식을 먹었다.

그 의사가 한숨지으며 말하였다. "여러 형제나 세속 사람인 저나 이분의 거룩함에 대하여 우리가 알아야 할 만큼 알지 못하고 있습니다." 기적이 아니었더라면 음식을 많이 먹었겠지만, 음식보다 기적으로 배를 채웠으므로 그들은 포식하지 않았다.

부성적父性的인 그분의 눈은 절대로 자기 자녀들을 외면하지 않으신다. 아니, 오히려 가난하면 가난할수록 하느님은 더욱 풍성하게 그들의 필요를 헤아리신다. 하느님은 베푸심에서 사람보다 더 후하시므로 권력가보다 가난한 사람에게 더욱 풍성한 식탁을 마련해주신다(2첼라노 44).

성 프란치스코의 글

형제들은 집이나 거처, 그 어떤 것도 자기 소유로 하지 말 것입니다. 그리고 이 세상에서 순례자와 나그네처럼 가난과 겸손 안에서 주님을 섬기면서 신뢰심을 가지고 동냥하러 다닐 것입니다. 그리고 주님께서 우리를 위하여 이 세상에서 스스로 가난해지셨으니 부끄러워하지 말아야 합니다(인준 규칙 6,1-3).

성경 소구

주님은 저의 반석, 저의 산성, 저의 구원자 저의 하느님, 이 몸 피신하는 저의 바위 저의 방패, 제 구원의 뿔, 저의 성채이십니다(시편 18,3).

마음의 글

우리가 소유한 것이 많으면 하느님은 필요치 않고 생각하지 않을 수도 있겠습니다. 때로는 이런 생각도 하지요. 자신이 해결할 수 있는데 왜 하느님께 의지하며 그분을 귀찮게 해드려야 합니까? 더한층 나아가 합리적으로 생각하면 하느님을 귀찮게 해드리지 않고, 자신이 스스로 모든 문제를 해결하기 위해 최대한 더 많이 소유하고 능력을 키우며 더 많이 배워야 하겠지요.

반백 년을 살아온 지금, 얻은 것도 잃은 것도 많지요. 그러나 인정하건대 우리가 소유했던 모든 사물은 바닷

가의 물거품과 같은 허상일 뿐이기에 우리가 어느 순간 아무것도 가진 것이 없는 상태라고 느끼며 결핍을 체험할 때, 우리는 오직 하느님만 의지하게 되고 몸과 마음이 부유해짐을 깨닫게 되겠지요?

기도

하느님, 제가 어찌하여 당신 앞에서 참회하고 죄를 인정하지 못하는지요? 지금까지 저는 오직 전전긍긍하며 노력하는 것만으로 저의 내적 결핍을 만족시킬 수 있다고 생각했습니다. 그러나 여전히 내적으로 충만치 않고 여전히 불안한 마음입니다.

주님, 비로소 깨닫습니다. 오직 당신만이 제 영혼의 양식되시며 진정한 음식입니다. 간구하오니, 저의 기도를 들으시어 제가 오로지 당신께 신뢰를 두고, 저의 내적 마음을 풍성하게 하시며 만족하게 하소서! 아멘.

20
항상 기뻐하라

토마스 첼라노의 글

성 프란치스코는 원수의 수많은 올가미와 간계에 대항하는 가장 안전한 대처는 마음의 기쁨을 누리는 것이라고 하였다. 그가 말하곤 했다. "악마는 하느님의 종에게서 마음의 기쁨을 채갈 수 있을 때 통쾌해합니다. 악마는 먼지를 뿌려서 양심의 미세한 틈새까지 파고들려 합니다. 그렇게 해서 곧은 마음과 깨끗한 생활을 얼룩지게 합니다. 그렇지만 마음에 기쁨이 충만하면 뱀이 맹독을 뿜어도 허사입니다. 악마들도 그리스도의 종이 거룩한 기쁨에 충만해 있는 것을 보면 해코지할 수 없습니다. 하지만 영혼에 우울한 생각이 들고 어둡고 슬픔이 쌓이면, 영혼은 그 슬픔에 압도되어 버리든가 아니면 헛된 즐거움을 향하게 됩니다."

그래서 성인은 반드시 마음의 기쁨 안에 거하려 하였고, 유쾌한 마음과 즐거움의 기름을 유지하려 하였다. 그는 대단한 주의를 기울여 실의라는 치명적인 병을 피하였고, 조금이라도 마음의 실의를 느끼면 가차 없이 기도로 달려갔다.

그가 말하곤 하였다. "하느님의 종이 만약 어떤 형태로든지 마음이 혼란스러워지면 당장 일어나 기도해야 하며, 구원의 기쁨이 다시 채워질 때까지 지극히 높으신 아버지의 현존 안에 머물러 있어야 합니다. 슬픔으로 넋을 잃고 있으면 바빌로니아에서의 실의가 일어나 마지막에는 눈물로 씻어내지 않으면 지울 수 없는 녹이 마음에 슬 것입니다."(2첼라노 125)

성 프란치스코의 글

어디에 있든지 또 어느 곳에서 만나든지 형제들은 서로 영적으로 정성껏 대하며, 불평불만 없이 서로 존경해야 합니다. 그리고 형제들은 위선자들처럼 겉으로 침통한 표정을 짓거나 찌푸린 얼굴을 하지 않도록 조심할 것이며, 오히려 주님 안에서 기뻐하고 명랑하며, 적절히 쾌활한 모습을 보일 것입니다(비인준 규칙 7,15-16).

성경 소구

제 마음 기뻐하고 제 영혼이 뛰놀며 제 육신마저 편안히 쉬리이다(시편 16:9).

마음의 글

많은 사람이 삶에서 쉽게 가정해서 말을 하곤 합니다, "만약 내가 돈이 많으면, 나는 기쁠 것이다." 그러나 안타깝게도 내 수입은 늘 기대에 미치지 못합니다. "만약 휴가가 많이 주어지면, 나는 행복할 것 같아요." 그러나 휴가는 일주일에 두 번뿐이고 대부분 시간은 일에 지쳐 마음은 답답하고 피곤하지요. "만약 친구가 많으면, 나는 기쁘겠지요." 그러나 어떤 친구도 24시간 늘 함께할 수는 없지요. "만약 많은 것을 성취한다면, 나는 행복할 겁니다." 그러나 아쉽게도 많은 것을 성취했지만 마음 깊은 곳에서 행복을 느끼지 못함은 왜일까요?

하느님께서 선물하신 기쁨과 행복에는 "만약"이라는 단어가 없지요. 그분은 처음부터 철저히 그리고 절대적으로 우리를 사랑하셨기 때문입니다. 그러니 내가 하느님으로부터 사랑받는다고 마음 깊이 체험할 때, 결핍은 줄어들고 내적 기쁨과 행복은 충만히겠지요?

기도

지극히 선하신 하느님, 청하오니, 저에게 이 세상이 앗아가지 못하는 충만한 기쁨과 평화를 주시고 또 제가 오롯이 당신 사랑 안에서만 영원한 행복이 있음을 깨닫게 하시며, 당신을 소유할 때 부족함이 없음을 마음으로 체험하게 하소서! 아멘.

21 - 30일

21
가난하신 하느님

토마스 첼라노의 글

거룩한 정배를 터럭만큼도 언짢지 않게 하려고 지극히 높으신 하느님의 종은 언제나 다음과 같이 하였다. 그가 영주들로부터 초대를 받아 성찬聖餐이 차려진 상을 받으면, 그는 먼저 이웃집에서 빵 조각들을 동냥하였고, 가난이 부요해져서야 급히 식탁으로 달려가곤 하였다.

어찌하여 그런 짓을 하느냐는 질문을 받을 때, 그는 단 한 시간을 위해서 주어진 봉지封地 때문에 영원한 유산을 포기할 수는 없노라고 대답하곤 하였다. 그는 말하였다. "우리를 천국의 상속자가 되게 하고 천국의 왕들이 되게 하는 것은 가난이지, 여러분의 헛된 재산이 아닙니다."

성 프란치스코가 고故 그레고리오 교황께서 아직 낮은 지위에 계실 때 그분을 방문한 적이 있었다. 저녁 식사가 가까워지자 그는 구걸하러 나갔고, 이어서 검은 빵 조각들을 모아서 다시 돌아와 주교님의 식탁 위에다 놓았다.

주교님이 이것을 보자 적잖이 부끄러웠다. 누구보다도 모처럼 초대한 손님들에게 퍽 부끄러웠다. 이에 상관치 않고 사부님은 그가 동냥해서 얻은 것들을 식탁 둘레에 모인 기사騎士들과 지도 사제들에게 흥겨워하며 나누어주었다. 그들은 모두 무척 정성스럽게 받아 어떤 이들은 먹었고, 또 어떤 이들은 존경의 뜻으로 그것을 보관하였다.

저녁 식사가 끝나자 주교님이 일어나서 하느님의 사람을 데리고 내실로 들어갔다. 주교님이 팔을 들어 그를 껴안고 말씀하셨다. "나의 형제여, 어찌 그대는 그대의 집이기도 하고 형제들의 집이기도 한 이 집에서 동냥하러 나감으로써 나를 부끄럽게 하였습니까?" 성인이 주교님께 답하였다. "오히려 제가 주교님께 영예를 드렸습니다. 왜냐하면 위대하신 주님께 영예를 드렸기 때문입니다. 주님은 가난을 아주 즐기십니다. 자발적인 동냥이면 더욱 그러하십니다. 부요하셨지만 우리를 위해 가난해지신 주님을 따르는 것이 저에게는 군왕다운 위엄이 되고 특별한 고귀함이 됩니다." 그리고 덧붙였다. "저는 맛 좋은 음식이 푸짐하게 차려진 훌륭한 식탁에서보다 동냥한 찌꺼기로 채워진 초라한 식탁에서 더 많은 기쁨을 얻습니다." 그러자 주교님께서 크게 감동되어 성인께 말씀하셨다. "아들이여, 주님께서 당신과 함께 계시니 당신 좋을 대로 하시오."(2첼라노 72-73)

성 프란치스코의 글

하늘에 계신 지극히 높으신 아버지께서는 당신의 거룩한 가브리엘 천사를 시켜 아버지의 이토록 합당하고 거룩하고 영광스러운 이 말씀이 거룩하고 영화로운 동정녀 마리아의 태중에 계심을 알리셨습니다. 그리하여 그 말씀은 마리아의 태중으로부터 우리의 인간성과 연약성의 실제 육(肉)을 받으셨습니다. 그분은 누구보다도 부유하시면서도 당신의 어머니이신 지극히 복되신 동정녀와 같이 이 세상에서 몸소 가난을 택하기를 원하셨습니다(2신자 편지, 4-5).

성경 소구

여러분은 우리 주 예수 그리스도의 은총을 알고 있습니다. 그분께서는 부유하시면서도 여러분을 위하여 가난하게 되시어, 여러분이 그 가난으로 부유하게 되도록 하셨습니다(2코린 8,9).

마음의 글

프란치스코가 가난을 사랑한 이유는 바로 하느님께서 가난하셨음을 발견했기 때문입니다. 우리가 쉽게 이해할 수 없고 믿기지 않더라도 그는 신앙의 눈으로 하느님께서 가난한 거지가 되셨음을 알게 되었지요. 사랑 체험을 한 분이라면 프란치스코의 체험을 이해할 수 있겠지요. 만약 내가 사랑을 실천한다면 나는 무기력해지고 약해지며 또한 가난해집니다. 여기서 무력함이란, 다른 사람이 나를 대신하여 사랑의 행동을 할 수 없고 그 어떤 언어와 행동도 내 사랑을 원만하게 표현할 수 없기 때문이지요. 약함이란 내가 나의 내적 정감情感을 완전히 드러낼 때, 나는 가장 쉽게 상처받기 때문이지요.
가난해짐이란 나에게 사랑 이외는 아무것도 없다는 것이지요. 사랑으로 인해 강생하신 하느님께서는 스스로 무기력하고 약해지고 가난하셨습니다. 그분은 우리를 위해 사랑 때문에 거지가 되셨고 우리에게 사랑을 구걸한답니다.

기도

하느님, 당신은 나의 하느님, 나의 모든 것입니다. 간청하오니, 제가 늘 당신을 마음속에 간직하고, 어떤 사물도 저를 만족하게 하지 않고 오롯이 가난한 이들만이 하느님 나라의 자녀가 될 수 있음을 기억하게 하소서! 당신의 아드님께서 우리를 위해 가난해지셨기 때문입니다. 간구하오니, 저에게 기꺼이 나눌 수 있는 마음을 허락하시어, 기쁨으로 나누고 또 그들의 이웃이 되게 하소서! 아멘.

22
거룩한 성체와 성혈

토마스 첼라노의 글

　프란치스코는 그의 마음 깊숙한 곳에서 솟아오르는 성체에 대한 사랑으로 불탔다. 그는 거기에서 보인 주님의 인자하신 사랑과 사랑 넘치는 인자를 보고 넋을 잃었다. 최소한 하루에 한 번 미사 참례를 안 하면, 주님을 대단히 모독하는 것으로 생각하였다. 그는 자주 성체를 영하였고, 그의 영성체를 보면 다른 형제들도 경건한 마음이 생길 만큼 그렇게 경건하게 영하였다. 그는 성체에 마땅히 바쳐야 할 온갖 공경을 다 바치면서 자기 육신을 희생으로 바쳤고, 죽임을 당한 어린양을 받아 모실 때 마음의 제단에서 쉼 없이 타오르는 불길로 자기 마음을 하느님께 희생제물로 바쳤다. ……

그는 형제들에게 보배로운 성합을 들려 파견하기를 원하였으니, 이는 도무지 당치 않게 치러진 우리 속량의 대가를 어디에서나 볼 수 있게 하기 위함이었고, 또한 그 대가가 적합지 않은 곳에 보관되어 있으면, 온당한 곳에 모시기 위함이었다.

그가 사제들의 손에 크나큰 경의를 표하기를 바란 것은, 그들의 손이 하느님으로부터 권한을 받아 빵과 포도주를 성체로 변화시키기 때문이었다. 그는 자주 말하곤 하였다. "내가 천국에서 온 어떤 성인과 어느 가난한 사제를 한자리에서 만나는 기회가 생긴다면, 나는 먼저 사제에게 가서 경의를 표하고 그의 손에 입을 맞추겠습니다. 그리고 성인에게는 이렇게 말하겠습니다. '기다리십시오. 라우렌시오 성인! 이 사제의 손은 생명의 말씀이신 그분을 만집니다. 이 손은 인간 이상의 거룩함을 지니고 있습니다.'"(2첼라노 201)

성 프란치스코의 글

그러니 사람의 아들들이여, 언제까지 굳은 마음을 가지렵니까? 왜 진리를 깨닫지 못하고 하느님의 아들을 믿지 않습니까? 보십시오! 그분은 어좌로부터 동정녀의 태중으로 오신 때와 같이 매일 당신 자신을 낮추십니다. 그분은 겸손한 모습으로 매일 우리에게 오십니다. 매일 사제의 손을 통하여 아버지의 품으로부터 제대 위에 내려오십니다(권고 1,14-18).

성경 소구

"나는 하늘에서 내려온 살아 있는 빵이다. 누구든지 이 빵을 먹으면 영원히 살 것이다. 내가 줄 빵은 세상에 생명을 주는 나의 살이다."(요한 6,51)

마음의 글

하느님께서 우리를 위한 사랑으로 강생하신 구원의 사건은 예수님의 성체와 성혈을 통해 오늘날까지 지속되고 있습니다. 이것이 바로 프란치스코가 마음으로 이해한 예수님 강생의 신비지요. 그래서 그는 성체와 성혈의 신비를 성사라는 추상적인 관념으로만 이야기하지 않고, 오히려 그가 항상 강조해서 말한 것은 주 예수 그리스도의 거룩한 성체와 성혈입니다.

그가 열심히 미사에 참여하길 갈망하고 경건하게 성체와 성혈을 받아 모시며 사제들을 존경한 것은 교회의 규칙을 준수하기 위해서가 아니라, 육신의 눈으로 볼 때 그저 빵과 포도주이지만 신앙의 눈으로 볼 때 진정으로 살아 계신 예수님 자신이시기 때문이었답니다. 프란치스코에게 주님은 실제實在하시고 아주 친근한 분이셨습니다. 그러니 그가 힝싱 주님을 말할 때는 항상 친한 친구를 대하듯이 그의 내적 진심을 드러냈답니다.

기도

좋으신 하느님, 저를 프란치스코처럼 예수 그리스도의 지극히 거룩하신 성체聖體와 성혈聖血을 열정을 다해 사랑하게 하시며, 제가 언제나 경건한 마음으로 성체를 받아 모시고, 이 사랑의 신비 안에서 예수 그리스도의 사랑과 희생의 정신을 체험하며 발자취를 기쁘게 따르게 하소서! 아멘.

23
열정적 기도

토마스 첼라노의 글

하느님의 사람인 프란치스코가 육신으로는 주님과 멀리 떠나 있었지만, 마음은 하늘에 두려고 꾸준히 노력하였다. 그리하여 그는 벌써 천사들과 같은 한 시민이 되었으며, 다만 육신의 벽만이 천사들과 그를 갈라놓고 있을 뿐이었다. 그의 영혼은 온전히 그리스도를 갈망하였고, 마음만 아니라 몸까지도 그분께 온전히 바쳤다.

…… 세속 사람들의 방문을 받는다든가 어떤 업무가 그를 방해하면, 그 사람들을 빨리 돌려보내거나 일을 중지하였고, 그리고 난 다음에 다시 기도로 돌아와

마음 깊은 곳에 있는 고요로 들어가곤 하였다. 천상적인 감미로움으로 채워져 있는 그에게 이 세상의 감미로움은 무미건조하기 짝이 없었다. 그는 하느님에게서 발견한 기쁨으로 영묘靈妙한 사람이 되어있었기에 사람들의 조잡한 관심사에는 못 견딜 수밖에 없었다.

그는 영혼만이 아니라 몸까지도 하느님과 하나가 되려고 늘 숨을 장소를 찾았다. 그가 사람들 앞에 있을 때 갑작스레 주님의 방문을 받았다 싶으면 방패로 삼으려고 자기 망토로 방을 만들었다. 때때로 망토를 입고 있지 않았을 때 그런 일이 일어나면 숨겨진 만나가 드러날까 봐 옷소매로 얼굴을 덮어버렸다.

그는 신랑의 손길을 모르게 하려고 구경꾼과 자신 사이에다 항상 무엇인가를 놓았다. 그러므로 좁은 배에 많은 사람이 있어도 그는 보이지 않게 기도할 수 있었다. 이것조차도 할 수 없을 때는 마지막으로 가슴에 성전을 만들었다.

그는 몰아沒我에 들어갔기에 거기에는 흐느낌이나 한숨이 없었다. 하느님께 빨려 들어갔기에 거친 숨결이나 외적인 움직임이 없었다.

이것은 그가 집에 있을 때 그랬고, 숲이나 외딴곳에서 기도할 때는 숲을 한숨으로 채웠고, 땅에는 눈물이 흘러가게 하였으며 손으로 가슴을 쳤다. 그런 곳이 마치 무슨 비밀 장소나 되는 듯이 그때마다 주님과 말로 대화를 나누곤 하였다. 그는 심판관에게 응답하곤 하였고, 아버지에게 탄원을 드렸으며, 자기 친구와 말하는 투로 신랑과 즐거움을 나누곤 하였다. …… 그는 입술을 움직이지 않고 마음속으로 자주 관상하곤 하였고, 외적인 사물들을 마음으로 그려봄으로써 자기의 영혼을 더 높은 경지로 끌어올리곤 하였다. 기도하는 사람이라기보다는 스스로가 곧 기도였던 그가 주님께 빌어 얻고자 했던 그 하나를 향하여 그는 전 존재를 바쳐 자신의 모든 집중과 열정을 이끌어갔다(2첼라노 94, 95).

성 프란치스코의 글

아버지를 하늘에서 모시는 것이, 오, 얼마나 영광되고 거룩하고 위대한지! 정배를 모시는 것이, 오, 얼마나 거룩하고 위로가 되고 아름답고 감탄스러운지! 또한, 무엇보다도 먼저 열망해야 할 그러한 형제와 그러한 아들을 모시는 것이, 오, 얼마나 거룩하고 소중하고 흡족스럽고 겸손하고 평화롭고 감미롭고 사랑스러운지! 그분께서는 당신의 양들을 위해 목숨을 바치셨고 우리를 위해 아버지께 기도하셨습니다. "거룩하신 아버지, 아버지께서 저에게 주신 이들을 아버지의 이름으로 지켜 주십시오."(2신자 편지 54-56)

성경 소구

언제나 기뻐하십시오. 끊임없이 기도하십시오. 모든 일에 감사하십시오. 이것이 그리스도 예수님 안에서 살아가는 여러분에게 바라시는 하느님의 뜻입니다(1테살 5,16-18).

마음의 글

우리는 모두 기도할 줄 알지요. 하지만 프란치스코와 같이 깊이 있고 자신을 잊은 듯 완전히 심취沈醉하는 기도는 누구나 할 수 있는 기도는 아니겠지요. 그는 기도하는데 특별한 방법이 있는 것은 아니라고 생각했지요. 중요한 것은 어떻게 기도하느냐가 아니라 왜 기도해야 하는가입니다.

프란치스코는 열정적으로 기도했지요. 왜냐하면 그는 기도 중에 선하고 위대하신 하느님을 찾았고, 아름답고 우아하신 정배淨配와 포옹하며, 친애하고 겸손한 형제와 만났으니까요. 그의 이러한 기도 체험은 그의 마음을 도취시키고 평화를 얻기에 그는 늘 온몸으로 기도하길 갈망했고 심지어 그 자신이 바로 기도 자체가 되었답니다.

기도

하느님 아버지, 아버지께서는 제 생명의 주인이십니다. 그러니 저의 생활, 행동 그리고 존재가 당신 안에 있습니다. 때로는 제가 잘 알아차리지 못할지라도 당신은 늘 저와 함께하시며 인도하시고 이끌어주십니다. 구하오니, 저의 눈을 뜨게 하시고 귀를 열어 주시어 제가 당신의 임재臨在를 발견하고, 당신의 말씀을 흔쾌히 실천하게 하소서! 아멘.

24
생태 환경 주보 성인

토마스 첼라노의 글

이 세상은 우리가 순례하는 유배지이기에 여기를 바삐 떠나려 했던 이 복된 나그네는, 이 세상에 있는 사물들로부터 적지 않은 도움을 이미 받고 있었다. 프란치스코는 암흑세계의 지배자인 마귀와의 관계에서는 이 세상을 전쟁터로 보았지만, 하느님과의 관계에서는 선하신 하느님의 매우 밝은 거울로 보았다.

그는 창작가이신 그분을 찬미하였다. 피조물에게서 무엇을 발견하든 그는 창조주와 관련시켰다. 그는 주님의 손에서 빚어진 모든 작품 안에서 즐거워하였고, 유쾌한 사물들의 배후 뜻을 살핌으로써 그 사물들에 생명을 부여하는 이성과 원인을 보았다. 그는 아름다운 사물들 안에서 아름다움 그 자체를 보았다. 모든 사물이 그에게는 선이었다. 그들은 "우리를 만드신 분은 가장 좋으신 분입니다"라고 그에게 외쳤다. 그분의 발자국이 서려 있는 사물들을 통하여 그는 어디서나 사랑이신 그분을 따라갔다. 그는 홀로 모든 사물에서 사다리를 만들어 그 사다리를 밟고 옥좌로 올라갔다.

그는 사물들을 향해 주님에 관하여 이야기하고 주님을 찬미하라고 권고하면서, 모든 사물을 황홀한 열정으로 껴안았다. 그는 빛과 등燈과 초를 스스로 스러지게 놓아두었다. 그들의 밝음을 자기 손으로 소멸시키기를 싫어하였으니, 그 밝음을 영원한 빛이신 그분의 상징으로 보았기 때문이었다. 그가 돌 위를 조심스럽게 걸은 것은 그분이 바위로 불리신 때문이었다. ……

그는 형제들이 땔나무를 벨 때도 나무를 통째로 자르지 말라고 하였다. 다시 싹이 틀 수 있도록 하기 위해서였다. 그는 밭일하는 형제에게 밭 둘레를 가꾸지 말고 그냥 두라고 일렀다. 때가 되면 초록빛 풀잎과 예쁜 꽃들이 만물의 아버지이신 그분의 아름다움을 전하도록 하기 위해서였다. 그는 향기 좋은 화초를 심기 위해서 밭에 작은 터를 남겨두라고 일렀으니, 그 향기 좋은 화초들을 보는 이들이 영원한 감미로움이신 그분에 대한 추억을 불러일으킬 것이기 때문이었다(2첼라노 165).

성 프란치스코의 글

내 주님, 불 형제를 통하여 찬미받으시옵소서.
그로써 당신은 밤을 밝혀 주시나이다.
그는 아름답고 쾌활하고 씩씩하고 힘차나이다.

내 주님, 우리 어머니인 땅 자매를 통하여 찬미받으시옵소서.
그는 우리를 기르고 보살피며
울긋불긋 꽃들과 풀들과 온갖 열매를 낳아 주나이다 (태양 노래 17-22).

성경 소구

만물이 그분 안에서 창조되었기 때문입니다. 하늘에 있는 것이든 땅에 있는 것이든 보이는 것이든 보이지 않는 것이든 왕권이든 주권이든 권세든 권력이든 만물이 그분을 통하여 또 그분을 향하여 창조되었습니다(콜로 1,16).

마음의 글

환경보호와 생태 보호 그리고 지속적인 발전은 프란치스코만의 생각이 아니지요. 그의 진정한 공헌은 만물 안에서 하느님의 모습을 식별하였던 것입니다. 찬란한 태양과 아름다운 달, 겸손한 물과 강건한 불, 모든 생물을 살리는 기후, 우리를 양육하는 대지 자매 등 이 모든 것은 하느님께서 우리에게 허락하신 은총과 돌보심입니다. 그러니 우리는 만물을 공리功利와 도구 그리고 이용 가치로만 보아서는 안 됩니다. 사실 공리주의功利主義

는 오늘날 생태와 사회 환경 문제의 근원이지요.
생태와 환경의 주보 성인 프란치스코는 만물 앞에서 오로지 창조주이신 하느님께 찬미와 감사를 드렸답니다. 그리고 그는 만물 안에서 하느님의 임재臨在를 느끼며 체험하였습니다.

기도

전능하신 하느님, 우주 만물은 당신 손의 작품作品이며 그들은 존재 자체로 당신의 자애慈愛를 드러냅니다. 구하오니, 제가 당신의 깊은 신비를 마음으로 체험하고 깨닫게 도와주시며 우주 만물의 위대함에서 당신의 위대한 사랑을 깨닫고, 대자연의 아름다움 안에서 당신의 아름다움에 심취할 수 있는 은총을 허락하소서! 아멘.

25
말씀 사랑

토마스 첼라노의 글

비록 이 복된 사람이 지식을 배우면서 자라지는 않았지만, 높은 데서 내려오는 하느님의 지혜를 파악하였고, 영원한 빛을 받아서 성경에 깊은 이해력을 지니고 있었다. 그는 총명하고 오염되어 있지 않아서 신비가 그에게 스며들었고, 사랑하는 자만이 할 수 있는 그 사랑으로 학자들의 학식으로는 어림도 없는 것을 꿰뚫었다.

때때로 그는 성경을 읽었고, 한번 기억한 것은 잊지 않도록 마음에 새겨놓았다. 그는 무심히 한 귀로 흘려 듣는 일이 없었고, 들은 것은 부단한 정열로 묵상하였기에 그의 기억력은 책을 대신할 만했다. 배우고 읽는

데는 이 방법이 효과적이며, 천 권의 책을 훑는 것보다 낮다고 그는 가르쳤다. 그는 영원한 생명에 대한 갈망을 첫 자리에 놓는 사람을 참다운 철학자라고 여겼다. 성경을 주제넘지 않게 겸허히 연구하는 사람은 자신의 지식에서 하느님에 관한 지식으로 쉽게 옮겨간다고 그는 자주 말하였다. ……

프란치스코가 시에나에 머물고 있을 때, 한 도미니코회 형제가 그곳에 찾아온 일이 있었다. 그는 영적인 사람이었으며 신학자였다. 복되신 프란치스코를 찾아뵙고, 그는 성인과 더불어 즐거워하며 하느님의 말씀에 관하여 환담하였다. ……

그 사람은 깊이 감동하여 그 자리를 물러 나왔다. 그러고는 복되신 프란치스코의 동료에게 말하였다. "나의 형제들이여, 순결한 생활과 관상觀想에 기초를 두고 있는 이 사람의 신학은 고공高空을 나는 한 마리의 독수리입니다. 그에 비하면, 우리의 지식이라는 것은 땅에 엎드려 기어다니는 꼴입니다."(2첼라노 102, 103)

성 프란치스코의 글

거룩한 지혜는
사탄과 그의 모든 간계를
부끄럽게 합니다.

순수하고 거룩한 단순성은
이 세상의 모든 지혜와 육신의 지혜를
부끄럽게 합니다(덕 인사 9-10).

성경 소구

"나는 세상의 빛이다. 나를 따르는 이는 어둠 속을 걷지 않고 생명의 빛을 얻을 것이다."(요한 8,12)

마음의 글

성경 말씀을 모두 다 완전히 이해하기는 쉽지 않지요. 많은 이가 성경의 시대적 배경 그리고 문학 유형은 물론 원문 내용도 잘 이해하지 못하며 성경 나눔에도 참여하지 않으니까요. 그러나 프란치스코에게는 오롯이 한 가지 의문만이 있는데, 그것은 바로 우리가 하느님을 사랑하느냐입니다. 우리가 하느님을 사랑한다면 그분의 말씀 듣기를 갈망하고 말씀을 기억하며 그 말씀을 되새길 것입니다. 그러니 하느님 사랑이 우리로 하여금 그 말씀의 신비를 깨닫게 합니다. 그분을 아는 것이 곧 사랑이지요.

기도

하느님, 오직 당신께 진실한 지혜智慧가 있기에 저로 하여금 당신 말씀을 사랑하게 하시어, 겸손한 마음으로 당신 말씀을 봉독하고 신실한 마음으로 그 말씀을 묵상하게 하시며, 말씀을 통해 참된 식견識見을 얻어 당신 안에서 지혜의 사람이 되게 하소서! 아멘.

26
성탄 구유

토마스 첼라노의 글

프란치스코의 가장 높은 지향과 주된 바람과 최고의 결심은 복음을 모든 것 안에서, 모든 것을 통하여 실행하는 것이었고, 조금도 한눈을 팔지 않고, 열의를 다하여 애타게 갈망하는 온전한 정신과 뜨겁게 타오르는 온전한 마음으로 "우리 주 예수 그리스도의 가르치심과 발자취를 따르는 것"이었다.

그는 끊임없는 묵상을 통하여 그리스도의 말씀을 되새겼고, 예리한 사고력으로 그리스도의 행적을 되새겼다. 육화의 겸손과 수난의 사랑이 특히 그를 사로잡았으므로 그는 다른 것은 생각하고 싶지도 않았다.

영광스러운 죽음이 있기 3년 전, 작은 마을 그레치

오에서 우리 주 예수 그리스도의 성탄 날에 그가 한 일은 기억할 만한 것이고, 경건하게 기억을 되살려 되새길 필요가 있는 것이다. 그곳에는 요한이라고 하는 사람이 있었는데 그는 평판도 좋았지만, 또한 평판 이상으로 착한 생활을 하였다. 복되신 프란치스코가 그를 특별히 사랑했던 까닭은 그가 그 고장에서 덕망 있고 영예로운 지위에 있기도 했지만, 자신의 고귀한 신분을 내세우지 않고 영혼의 고귀함을 추구했기 때문이기도 하였다. 복되신 프란치스코는 그를 불러 일을 자주 시켰다. 이번에도 복되신 프란치스코는 주님의 성탄 약 15일 전에 그를 불러 말했다. "그레치오에서 우리 주님의 축제를 지내고 싶으면, 빨리 가서 내가 시키는 대로 부지런히 준비하시오. 우선 베들레헴에서 탄생하신 아기 예수님을 기억하고 싶습니다. ……."

즐거운 날이 다가오고, 크나큰 환희의 시간이 왔다! 그 근방에 거주하는 여러 형제도 초대받았다. 동네의 남정네들과 아낙네들도 형편에 따라 밀초와 횃불을 준비하였다. 그들은 일 년 내내 빛나는 별로써 낮과 밤을 밝혀 줄 바로 그날 밤을 밝혔다. 마침내 하느님의 성인이 당도하셨고, 모든 준비가 완료되었음을 알게 되었다. 그분은 보고 기뻐하였다. 구유도 준비되었고, 짚북데기도 옮겨졌으며, 소와 당나귀도 끌려왔다. 그곳에서는 단순성이 추앙받았고, 가난이 높여졌으며, 겸허가 찬양되었다. 그레치오는 새 베들레헴으로 꾸며졌다. 그 밤은 대낮같이 환히 밝혀졌고, 사람들과 짐승들을 매우 즐겁게 하였다. 사람들이 몰려들었고, 그들은 새로운 신비로 말미암아 새로운 기쁨에 젖었다. 사람들의 우렁찬 목청에 온통 숲이 울렸고, 바위들까지도 그들의 기쁨에 화답하였다. 형제들도 노래를 불렀고, 지금까지 못다 바친 찬미를 주님께 바쳤으며, 밤새도록 그들의 기쁜 소리가 울려 퍼졌다. 하느님의 성인이 탄성을 올리며 사랑에 도취하였고, 말할 수 없는 기쁨에 가득 차서 구유 앞에 섰다. 이렇게 하여 구유 앞에서 장엄미사가 거행되었고, 사제는 새로운 영혼의 평화를 체험하였다.

하느님의 성인은 부제副祭였으므로 부제복을 차려입

고 거룩한 복음을 낭랑한 목소리로 노래하였다. 그의 목소리는 우렁차면서도 부드러웠고, 맑고 낭랑하였으며, 모든 사람이 최고의 선물을 받게 했다. 그는 둘레에 서 있는 사람들에게 설교하였다. 그는 가난한 임금님의 탄생과 작은 마을 베들레헴에 관하여 재미나게 말하였다. 그는 그리스도 예수님을 부르고 싶을 때면 사랑에 불타서 그분을 "베들레헴의 아기"라고 부르곤 하였고, "베들레헴"이라는 말을 할 때 그의 목소리는 마치 어린 양의 울음소리 같았다. 그의 입은 말보다는 차라리 감미로운 사랑으로 채워져 있는 듯했다. 그뿐 아니라 "베들레헴 아기"나 "예수"라는 말을 할 때, 그의 혀는 이 말의 감미로움에 입맛을 다시고 입술을 핥으며 마치 맛과 향기를 맛보는 듯하였다(1첼라노 84-86).

성 프란치스코의 글

당신 아드님을 통하여 저희를 창조하신 것같이, 저희를 사랑하신 참되고 거룩한 당신 사랑 때문에 참 하느님이시며 참 사람이신 그분을 영화로우시고 평생 동정이신 지극히 복되시고 거룩하신 마리아에게서 태어나게 하셨으며, 또한 포로가 된 저희를 그분의 십자가와 피와 죽음을 통하여 구속하기를 원하셨으니, 당신께 감사드리나이다(비인준 규칙 23,3).

성경 소구

말씀이 사람이 되시어 우리 가운데 사셨다. 우리는 그분의 영광을 보았다. 은총과 진리가 충만하신 아버지의 외아드님으로서 지니신 영광을 보았다(요한 1,14).

마음의 글

교회 안에서 프란치스코를 성탄 구유 장식의 창시자創始者로 생각합니다만, 이는 정확한 사실이 아닙니다. 그러나 물론 구세주 예수님 탄생의 기쁨을 충만한 감정으로 사람들이 하느님 강생降生의 신비와 사랑을 체험케 한 분이 프란치스코임은 분명하지요.

그가 구유를 만든 것이 특별한 것은 아닙니다만, 특별한 것이 있다면 그것은 바로 그의 마음이겠지요. 왜냐하면 그는 실제로 강생하시고 하느님의 말씀이신 예수님께서 자신과 함께하심을 구체적으로 체험했으며 그 마음을 구유로 표현하였기 때문입니다. 이제 우리 마음이 구유가 될 때, 비로소 이 세상에 진정한 구유가 출현할 것으로 생각합니다.

기도

주 예수님, 당신은 제가 저를 아는 것보다 더 깊이 저의 부족함과 죄악을 아시지만, 당신은 여전히 저를 위해 강생하셨고 사람이 되셨습니다.

원하오니, 제가 프란치스코를 닮아 당신이 늘 함께하심을 체험하고 매번 당신의 이름을 부를 때 당신의 깊고 크신 사랑을 깨닫게 하소서! 아멘.

27
오상 받으심

토마스 첼라노의 글

비록 그는 완전한 사람 중에 완전한 사람이었지만, 자기가 완전하다는 것을 부인했고 자신을 전적으로 불완전하다고 여겼다. …… 이리하여 어느 날 거처하던 은둔소 안에 세워진 거룩한 제대 앞으로 나가서 거룩한 복음이 담겨 있는 성경을 경건하게 제대 위에 올려놓았다.

그러고는 엎드려서 하느님께 몸과 마음을 다하여 기도를 바쳤다. …… 그는 기도를 마치고 겸허해진 정신과 뉘우치는 마음 그리고 주님의 거룩한 십자성호로 자신을 완전히 무장하고 일어나 제대에서 성경을 들어 경외심을 가지고 펼치자마자, 우리 주 예수 그리스도의 수난 예고가 펼쳐졌다. 혹시라도 우연히 생긴 일이 아닌가 하는 의심을 떨치기 위하여 그가 두 번 세 번 연거푸 책을 펼쳤으나, 그때마다 같은 글귀이든가 아니면 비슷한 구절이 적혀 있는 곳이었다. 이렇게 하여 그가 하느님의 성령에 가득 차서 알아들은 바는 그가 많은 수난과 시련을 거쳐 하느님 나라에 들어가리라는 것이었다.

프란치스코가 자기의 영혼을 하늘에 되돌리기 2년 전, 그러니까 그가 알베르나 은둔소에 있을 때의 일이었다. 그는 하느님의 환시 안에서, 여섯 날개를 가진 세라핌 모습을 한 사람을 자기 위에서 보았다. 그 사람은 두 손을 뻗고 있었으며, 두 발은 모인 채 십자가에 고착되어 있었다. 날개 둘은 머리 위로 펼쳐져 있었고, 두 날개는 날려는 듯이 펼쳐져 있었으며, 나머지 두 날개는 온몸을 감싸고 있었다.

지극히 높으신 분의 복된 종이 이를 보고 감탄하였지만, 이 환시가 무엇을 뜻하는지 도무지 알 수가 없었다. 그러면서도 자기를 주시하고 있는 너그럽고 인자한 세라핌의 모습에 그는 무척이나 즐겁고도 기뻤다. 그 천사의 아름다움은 이루 헤아릴 수조차 없었다. 그러나 천사가 십자가에 못 박혀 있다는 사실과 그 찌르는 듯한 아픔이 차츰 프란치스코를 두려움으로 몰아갔다. 그는 일어섰다. 그는 슬프기도 했고 기쁘기도 했으며, 슬거움과 괴로움이 그 안에서 교차하였다. 도대체 이 환시가 무엇을 뜻하는지 곰곰이 생각하느라 그의 영혼은 노심초사하여 괴로워졌다.

이제 자기 힘으로는 도저히 그 뜻을 정확히 알아낼 수가 없게 되었고, 그 불가사의한 환시가 성인의 가슴을 곤혹스럽게 만드는가 했더니, 그 못 자국들이 성인의 손과 발에 서서히 나타나기 시작하는 것이었다. 그가 방금 그의 위에 있던 십자가에 못 박힌 사람에게서 본 그대로의 자국이었다(1첼라노 92-94).

성 프란치스코의 글

전능하시고 영원하시며 의로우시고 자비로우신 하느님, 가련한 우리로 하여금 당신이 원하신다고 우리가 알고 있는 것을 바로 당신 때문에 실천케 하시고, 당신 마음에 드는 것을 늘 원하게 하시어, 내적으로 깨끗해지고, 내적으로 빛을 받고, 성령의 불에 타올라, 당신의 사랑하시는 아드님 우리 주 예수 그리스도의 발자취를 따를 수 있게 하소서(형제회 편지 50-51).

성경 소구

나는 우리 주 예수 그리스도의 십자가 외에는 어떠한 것도 자랑하고 싶지 않습니다. 그리스도의 십자가로 말미암아, 내 쪽에서 보면 세상이 십자가에 못 박혔고 세상 쪽에서 보면 내가 십자가에 못 박혔습니다(갈라 6,14).

마음의 글

프란치스코는 주 예수님을 너무나도 사랑하였기에, 예수님께서 우리를 위해 받으셨던 고통苦痛과 사랑愛을 체험하기를 바라며, 십자가에 못 박혀 고통받으시고 돌아가신 예수님의 발자취를 따르고자 온 힘을 다해 노력했답니다.

고통과 사랑은 쌍둥이 자매라고도 말합니다. 만약 사랑과 고통을 함께 체험하길 원치 않으면 그것은 거짓된 사랑이고 사랑이 없는 고통은 무의미하지요. 그러나 만약 마음에 사랑이 있다면 어떤 고통도 극복할 수 있을 뿐더러, 그 고통은 예수님의 오상五傷과 같이 사랑의 표시가 될 것입니다.

기도

지극히 선하신 하느님, 당신의 아들 주 예수님께서 받으신 고통 속에서 우리는 당신의 크신 사랑을 체험합니다. 바라오니, 저 또한 당신을 사랑하기에 생활에서 겪는 고통을 두려움 없이 감수하고 인내할 수 있는 지혜와 용기를 주시며, 프란치스코의 모범을 따라 주님의 발자취를 따르며 당신 사랑으로 기꺼이 자신을 봉헌하게 하소서! 아멘.

28
고통을 받아들임

토마스 첼라노의 글

 서거하시기 6개월 전, 눈 치료를 받기 위하여 시에나에 있는 동안 프란치스코는 전신에 병이 깊어졌다. 그는 만성적인 위장병으로 몹시 고통을 받았으며, 간도 감염되었고, 각혈을 너무 많이 하여 죽음이 임박한 듯하였다. ……

 한편 그의 몸은 약해질 대로 약해져 기력이 떨어지고 힘이 빠져 혼자 힘으로는 도저히 움직일 수 없게 되었다. 그런데 한 형제가 질문하기를, 성인께서 당하고 계신 이 고질적인 오랜 병환과 박해자의 손으로 당하는 끔찍한 순교의 고통 중 어느 쪽이 견디기가 더 쉽겠냐고 물었다. 이에 성인이 대답하였다. "아들이여, 주님이신 나의 하느님께서 내 안에서 그리고 나에 대해서 기꺼이 생기도록 하시는 일이라면, 그것이 무엇이든지 전이나 지금이나 나에게는 가장 소중하고 더욱 감미롭고 더욱 반길 만합니다. 왜냐하면 나는 항상 모든 일에서 하느님의 뜻에 일치하고 복종하게 되기를 바랄 뿐이기 때문입니다. 그렇지만 이 고통을 3일 동안 견디는 것이 나에게는 어느 순교보다도 힘이 듭니다. 그렇다고 보상을 이야기하는 것이 아니라, 다만 병이 일으키는 고통의 강도를 말하는 것일 뿐입니다."

오, 여러 순교를 한 몸에 지니신 분이여! 가장 혹독하고 견디기 어려운 일을 미소로 기뻐하며 기꺼이 참으시다니! 사실 그의 몸 어느 구석 하나 극심한 고통에서 벗어나 있는 곳이라곤 없었다. 체온이 차츰 떨어져 가며, 그는 나날이 죽음에 더욱 가까워지고 있었다. …….

하느님의 계시로 2년 전에 이미 알게 된 일이었지만 이제 마지막 날이 임박했음을 짐작하자, 그는 보고 싶은 형제들을 불러 천상에서 내려오는 듯한 말로 한 사람 한 사람을 축복하였다.

…… "나의 모든 아들이여! 하느님을 두려워하는 가운데 잘 지내시오. 언제나 하느님 안에 머물도록 하십시오. 매우 큰 시련이 여러분에게 닥쳐올 것이며, 큰 환난이 다가올 것이기 때문입니다. 시작한 일을 항구하게 하는 자는 행복합니다. 앞으로 있을 죄의 유혹으로 몇몇 형제는 그렇게 되지 못할 것입니다. 나는 주님께로 발길을 재촉하고 있습니다. 그리고 나는 마음으로 성심껏 섬긴 나의 하느님께로 가리라고 굳게 믿습니다."(1첼라노 105, 107-108)

성 프란치스코의 글

나는 앓는 형제에게 부탁합니다. 모든 일에 대해서 창조주께 감사를 드리십시오. 건강하든 병약하든 건강에 있어서는 주님께서 원하시는 대로 되기를 바라십시오. 왜냐하면 "내가 사랑하는 사람들을 나는" 책망도 하고 "징계도 한다"고 주님께서 말씀하시듯이 하느님께서는 영원한 생명을 얻도록 정해진 모든 사람을 채찍과 병고의 자극제와 통회의 정신으로 가르치시기 때문입니다 (비인준 규칙 10,3).

성경 소구

의인들의 영혼은 하느님의 손안에 있어 어떠한 고통도 겪지 않을 것이다(지혜 3,1).

마음의 글

노인들이 때로는 이렇게 말하곤 하지요. "늙는 것은 문제가 없는데, 고통은 싫어요." 안타깝게도, 이러한 기대는 실현될 수 없답니다. 생로병사生老病死는 인간이면 반드시 거쳐야 할 길이니까요. 이는 모든 사람이 가야 할 길이지만 그렇다고 모든 이가 잘 받아들이는 것은 아니지요. 아픔은 누구나 받아들이기 쉽지 않지만 더 받아들이기 어려운 것은 아픔이 일깨우는 인생의 무상과 유한성이 아닐까요? 당신의 지위가 얼마나 높고 부유하든, 언젠가는 늙고 병이 찾아오며 마침내는 하느님께 돌아갈 것입니다. 그러나 우리가 오직 유한하고 무상한 삶 안에서도 하느님께 마음을 두고 그분의 돌보심을 굳게 믿을 때 우리는 인생의 모든 것, 즉 삶과 죽음을 잘 받아들이며 감사할 수 있지 않을까요?

기도

좋으신 하느님, 프란치스코가 중병에 고통받을 때도, 침착하고 평화롭게 오로지 당신 뜻에 순종順從하신 것을 알기에 저는 참으로 부끄럽습니다. 때로는 작은 고통으로 인해 하느님과 다른 이들을 원망했고 사소한 일들로 인해 마음이 불편할 때도 있습니다. 간구하오니, 제가 당신께 의지하며, 생명 중에 어떤 고통과 고난이 닥치더라도 감내하고 당신께 맡길 수 있게 도와주소서! 아멘.

29
죽음 자매

토마스 첼라노의 글

하느님께서 프란치스코에게 당신의 뜻을 알려주신 대로 …… 그는 죽음의 시간이 임박하였음을 느꼈다. 그때 그는 형제이며 정신적인 아들로 생각하는 두 형제를 불러 부탁하기를, 죽음이 다가오고 있으니 아니 차라리 생명이 가까이 다가오고 있으니 기쁨에 넘친 큰 소리로 주님께 찬미의 노래를 부르라고 하였다. 갑자기 그는 온 힘을 다하여 다윗의 시편을 큰소리로 읊었다. "목소리 높이어 주께 부르짖나이다. 소리소리 지르며 주께 비옵나이다."

이윽고 그가 성경을 가져오라 명하였고, 요한복음

의 다음 구절부터 읽으라고 하였다. "파스카 축제가 시작되기 전, 예수님께서는 이 세상에서 아버지께로 건너가실 때가 온 것을 아셨다." 총봉사자는 읽어 달라는 청을 받기 전에 벌써 이 복음을 읽으려고 했었다. 이 복음 구절을 포함하고 있는 성경이 두꺼운 합본合本 성경이었는데도 펴자마자 이 구절이 나왔기 때문이다.

이어서 곧 티끌과 재가 될 것이니 그는 자기의 가시 돋친 철고행대鐵苦行帶를 두르게 하고 또한 재를 뿌리라고 명하였다. 곧이어 많은 형제가 그들의 아버지이며 지도자인 프란치스코의 주위에 몰려들어 복된 죽음과 행복한 임종을 지켜보며 경건한 마음으로 기다리는 동안, 그 지극히 거룩한 혼이 육신에서 해방되어 영원한 빛 속에 받아들여졌고, 육신은 주님 안에서 잠들었다. ……

…… "오, 참으로 당신은 그리스도의 교회 안에서 태양보다도 더 밝게 빛나는 세상의 빛이십니다! …… 오, 참으로 인자하시고 지극히 거룩하신 사부님! 당신은 당신의 죄짓는 아들들에게 자비를 베푸시고 그들을

항상 용서하시곤 하셨지요! 그러니 사부님, 지존하신 분께서 축복을 내리신 당신께 저희도 축복을 드립니다. 만물을 다스리시는 하느님은 영원히 찬미 받으소서! 아멘."(1첼라노 109-111)

성 프란치스코의 글

내 주님, 우리 육신의 죽음 자매를 통하여 찬미받으시옵소서.
살아 있는 어느 사람도 이를 벗어날 수 없나이다.
불행하옵니다, 죽을 죄를 짓고 죽는 이들이여!
복되옵니다, 당신의 지극히 거룩한 뜻을 실천하며 죽음을 맞이할 이들이여,
두 번째 죽음이 저들을 해치지 못하리이다(태양 노래 27-31).

성경 소구

"고생하며 무거운 짐을 진 너희는 모두 나에게 오너라. 내가 너희에게 안식을 주겠다."(마태 11,28)

마음의 글

모든 사람은 언젠가는 죽음을 맞이합니다. 그 사실을 알고 인정하지만, 죽음을 생각하면 왠지 항상 지울 수 없는 두려움과 불안함이 엄습해 오곤 하지요. 그러니 프란치스코처럼 죽음을 자매라 칭하고 죽음 앞에 초연한 모습을 보이는 것은 쉽지 않은 일입니다. 하지만 우리는 죽음은 말할 것도 없고 자신이 늙어가고 체력과 기억력이 저하되면 이에 따라 불안함을 감추지 못할 때도 있지요.

사실은 사라질 사물에 집착하는 것이 곧 고통이 아닐까요? 프란치스코는 사라질 자기 몸에 집착하지 않았고,

오로지 영원히 살아 계신 하느님만을 주시하였답니다. 이것이 바로 그가 내적 평온과 기쁨으로 죽음 자매를 맞이할 수 있었던 이유가 아닐까요?

기도

자애로우신 하느님 아버지, 이 세상의 모든 생명은 언젠가 사라짐을 깨닫지만 안타깝게도 이 사실을 깊이 체험하고 받아들이는 사람은 많지 않습니다.

바라오니, 제가 늘 깨어 기도하며 언제 어디서나 당신 앞에 설 그날을 확실히 준비하게 하소서! 아멘.

30
새로운 불씨 전달

토마스 첼라노의 글

프란치스코의 형제들과 아들들은 아씨시 이웃 마을의 군중들과 함께 들어왔고, 그들은 이러한 장엄한 전례에 참석하는 것을 기뻐하였으며, 거룩하신 사부님이 운명하신 그날 밤을 하느님께 찬미의 노래를 부르며 새웠다. 노래도 찬미도 굉장하였고, 마음을 사로잡는 환희의 힘과 밝은 등불들로 해서 마치 천사들이 지내는 철야제 같았다. 아침이 되자, 아씨시의 많은 군중이 모든 성직자와 함께 모였다. 시편과 찬미가와 나팔 소리가 울리는 가운데, 성시聖屍를 조심스럽게 운명하신 곳에서 시내로 운구運柩하였다. 그들은 올리브나무 가지와 다른 여러 나뭇가지를 꺾어 들고 성스러운 장례식을 엄숙하게 지냈고, 많은 불을 켜 들고 큰소리로 찬미의 의무를 다하였다.

    아들들이 아버지를 운구하였고, 모든 이의 목자이신 그리스도를 만나려고 떠나가신 그들의 목자 프란치스코를 따르는 행렬이 뒤를 이었다. 맨 처음에 그가 거룩한 처녀들과 가난한 자매들의 수도회를 세운 성 다미아노 성당에 도착하여 그를 내려놓았다. 이곳은 그가 주님을 위해서 모은 딸들이 거처하는 곳이었다. 그리스도의 시녀들이 지정된 시간에 창문을 열고 주님의 성체를 받아 모시던 작은 문이 열렸다. 천상적 덕의 보화가 숨어 있는 관이 열렸다. 많은 사람을 늘 업어 나르던 분이 몇몇 형제들에 의하여 업혀 온 것이다. 그리고 보라, 정녀貞女 클라라를! 그녀는 자기 공로의 거룩함으로 말미암아 참으로 빛이 났었다. 그리고 그녀는 이 거룩한 수도회의 첫 번째 묘목으로서 수도회의 어머니였다. 그녀는 그들에게 더는 말씀이 없으시고, 저세상으로 황급히 떠나시어 그들에게 돌아오지 않으시는 사부님을 맞이하러 자매들과 함께 나왔다.

자매들은 땅이 꺼질 듯한 한숨을 쉬며 애끓는 마음과 눈물로 시신을 바라보며 목멘 소리로 울부짖었다. …… 그러나 그들의 처녀다운 정숙함은 그들의 한없는 울음을 삼키게 하였다. …… 이리하여 그들은 슬픔과 기쁨이 교차하는 가운데 굉장한 광채로 빛나며, 가장 값진 보석과 반짝이는 진주로 꾸며진 그의 손에 입을 맞추었다. 그가 실려 나가자, 그들의 문은 닫혔다. 그 문은 그렇게 큰 슬픔을 맞이하기 위하여 또다시 열리는 일은 없을 것이다. …….

마침내 모두가 시내에 나와 있었다. 그들은 기쁨과 즐거움에 싸여 거룩한 시신을 성스러운 곳에 안치했다. 이때부터 이곳이 더욱 성스러운 곳이 되었다. 그는 지존하시고 전능하신 하느님께 영광을 드러내기 위하여 새로운 기적들을 늘림으로써 세상을 비추고 있다. 그가 거룩한 설교의 가르침으로 지금까지 이 세상을 놀라운 방법으로 비추었듯이. 천주께 감사! 아멘(1첼라노 116-118).

성 프란치스코의 글

회개하고 죽는 이들은 하늘 나라에 들어갈 것이니 복됩니다. 회개하지 않고 죽는 이들은 불행합니다, 악마가 한 일을 따라 하여 악마의 자녀가 되고 영원한 불 속으로 갈 것이니! 여러분은 온갖 악을 경계하고 멀리하며 끝날까지 선에 항구하십시오(비인준 규칙 21,7-9).

성경 소구

"주 우리 하느님은 한 분이신 주님이시다. 너희는 마음을 다하고 목숨을 다하고 힘을 다하여 주 너희 하느님을 사랑해야 한다. 오늘 내가 너희에게 명령하는 이 말을 마음에 새겨 두어라."(신명 6,4-6)

마음의 글

사람의 몸은 마치 땔감과 같지요. 옛사람들은 불씨를 보존하기 위해 모든 수단과 방법을 다하여 땔감에 줄이어 불을 붙였기에, 설령 땔감이 다 타버려도 불씨는 꺼짐 없이 지속해서 전달되었지요.

개인의 신체는 다 타버리고 한 줌의 재가 되겠지만, 생명의 불씨는 소진되지 않고 영원히 전해질 것입니다. 프란치스코가 임종 때 죽음 자매를 맞이하며 사랑하는 형제들에게 말했지요. "나는 내가 해야 할 일들을 했습니다. 그리스도께서 형제들이 마땅히 해야 할 일들을 인도해 주시길 빕니다."

형제자매 여러분! 어느덧 삼십 일이 지났습니다. 그동안 프란치스코의 훌륭한 삶의 모범을 통해, 프란치스코처럼 충실하고 기쁘게 주님의 발자취를 따르기를 결심하며, 내면에는 주님 사랑과 이웃 사랑의 불씨가 타오르기 시작했는지요?

기도

지극히 선하며 거룩하신 하느님, 오직 사랑으로 당신의 왕국에 들어갈 수 있습니다. 간구하오니, 당신 사랑의 불씨를 제 마음에 허락하시어, 당신을 향한 저의 사랑에 불을 지펴주시고 제가 사랑의 천사이신愛之天使 프란치스코를 본받아 온 마음을 다하여 당신을 열망하고, 온 영혼을 담아 당신을 생각하며 온 의지를 다하여 당신을 찾고, 온 힘을 다하여 당신께 나아가게 하소서! 아멘.

성 프란치스코의 영성

프란치스코는 회개에서 하느님께 돌아가기까지 20여 년의 짧은 회개 생활을 살았음에도 오히려 성덕의 절정에 이르렀기에 모든 이의 영성 생활에 모범이 되었다. 그의 영성은 대략 다음과 같이 네 가지로 요약할 수 있다.

1. 하느님을 아버지로 공경

프란치스코는 육신의 아버지와 결별한 후부터 실로 하느님을 아버지로 삼았다. 그는 아버지이신 하느님께서 자신의 모든 것을 조건 없이 받아들여 주심을 깨달았기에 죄 중에 있었음에도 불구하고 아무런 두려움 없이 자신이 하느님의 자녀임을 인정할 수 있었다.

프란치스코는 하느님의 조건 없는 무한한 사랑이 주님이신 그리스도께서 인간으로 태어나신 신비 안에 있음을 발견하였다. 성체성사는 이러한 신비의 진정한 연속이다. 주님이신 그리스도께서는 여전히 강림하시어 사람들에게 당신의 사랑을 드러내신다. 프란치스코는 주님 강생의 신비와 성체성사에 대한 신심이 강렬했을뿐더러 성사를 집전하는 성직자들과 교회를 매우 존중하고 사랑하였다.

2. 완전한 가난의 실천

프란치스코는 하느님을 자기 아버지로 받아들이고 모시면서 자신의 모든 것을 아낌없이 하느님의 섭리에 맡겼고 이러한 하느님께 대한 신뢰를 표현하기 위해 가난을 삶으로 실천하였다. 그는 사람이 가난하고 검소한 삶을 살며, 자신을 비울수록 비로소 하느님의 인자한 보살핌을 더욱 실제로 체험하며 살 수 있다는 진리를 깨달았다.

프란치스코는 자신이 소유한 것이 많다고 생각하는 사람이 있다면 그를 도둑이라고 불렀는데, 이는 그가 본래 자신에게 속하지 않고 오직 하느님께 속한 것을 훔친 것으로 믿었기 때문이다. 프란치스코의 가난에 대한 추구는 이처럼 열렬하고 철저했기에 후세 사람들은 그를 "가난한 작은 형제"라고 불렀다.

3. 모든 이를 형제로 부름

프란치스코는 하느님을 자기 아버지로 여길 뿐만 아니라 모든 사람의 아버지로 여겼다. 따라서 다른 이들, 특히 사회에서 소외된 사람들을 형제자매로 여겼다. 그는 가난한 사람들을 섬기며 기꺼이 그들과 함께 하였다. 그는 자기와 뜻을 같이하는 형제들과 형제적 사랑 안에서 세상을 순회하는 새로운 수도회 전통을 설립하였다. 그는 곳곳에서 설교하였고, 사람들이 오직 한 분이신 하느님 아버지 안에서 서로 평화롭게 지내도록 권면하였다. 그가 멀리 바다를 건너면서까지 회교도들에게 설교한 일은 그의 선교에 대한 열망과 세상 모든 사람을 진정으로 형제로 대하는 그의 아름다운 마음을 강렬히 표현하는 장면 중 하나이다.

4. 만물을 한 가족으로 여김

프란치스코는 자신을 모든 사람의 형제로 여기는 것을 넘어서 모든 피조물의 형제로 여겼다. 그 이유는 하느님께서 우주 만물을 친히 창조하셨기 때문이다. 뿌리가 같으니 당연히 한 가족이다.

그는 대자연에 대해 남다른 친근감을 가졌고, 만물을 지극히 아끼고 사랑하였다. "피조물의 노래"에서 그는 하느님께서 창조하신 모든 것을 형제자매로 불렀고, 그들을 통해 하느님의 자비와 사랑의 흔적을 발견하였으며, 그 안에서 하느님의 영광을 보았다.